中华国学经典必读书系

增广贤文

黄耀华 译注

APTTIME
时代出版

时代出版传媒股份有限公司
安徽少年儿童出版社

图书在版编目（CIP）数据

增广贤文 / 黄耀华译注. — 合肥：安徽少年儿童出版社, 2016.4（2022.1重印）
（中华国学经典必读书系）
ISBN 978-7-5397-7215-8

Ⅰ.①增… Ⅱ.①黄… Ⅲ.①古汉语－启蒙读物
Ⅳ.①H194.1

中国版本图书馆CIP数据核字（2014）第284294号

ZHONGHUA GUOXUE JINGDIAN BIDU SHUXI ZENGGUANGXIANWEN

中华国学经典必读书系·增广贤文　　　　　　　　　　　　　黄耀华/译注

出 版 人：张　堃　　　　　　　　　　　　　责任编辑：张春艳　黄　馨
图文制作：新视线文化　　　责任印制：郭　玲　　　特约校对：唐念念
出版发行：时代出版传媒股份有限公司　http://www.press-mart.com
　　　　　安徽少年儿童出版社　E-mail:ahse1984@163.com
　　　　　新浪官方微博：http://weibo.com/ahsecbs
　　　　　（安徽省合肥市翡翠路1118号出版传媒广场　　邮政编码：230071）
　　　　　出版部电话：（0551）63533536（办公室）　　63533533（传真）
　　　　　（如发现印装质量问题，影响阅读，请与本社出版部联系调换）

印　　制：合肥杏花印务股份有限公司
开　　本：635 mm × 900 mm　　　　　　1/16　　　　　　印张：15
版　　次：2016年4月第1版　　　　　　2022年1月第4次印刷

ISBN 978-7-5397-7215-8　　　　　　　　　　　　　　定价：35.00元

目 录

前 言

xī shí xián wén　　huì rǔ zhūn zhūn
昔时贤①文，诲②汝谆谆③。

jí yùn zēngguǎng　　duō jiàn duō wén
集韵④增广⑤，多见多闻。

guān jīn yí jiàn gǔ　　wú gǔ bù chéng jīn
观今宜鉴⑥古，无古不成今。

注释

①贤：优秀。

②诲：教导，教诲。

③谆谆：恳切，不厌倦。

④集韵：按韵律集中编辑。

⑤增广：增智慧，广见闻。

⑥鉴：镜，借鉴。

解析

那些古往今来的圣贤和大学问家，他们所作的优秀文章常常恳切地教导后人如何端正自己的内心、踏实做人、真诚待人、正确处事。其中的精华汇编到一起，希望能使你的知识更丰富，视野更开阔。我们要将历史作为一面镜子，总结

历史上成败得失的经验教训，指导我们今天的学习和生活。因为古今是一种传承关系，今天是古代的延续。

导读故事

宋太宗特别喜爱读书，尤其偏好史书，以便自己能从书中了解历代王朝兴亡更替的道理，指导自己处理国事。

宋太宗一直坚持每天读书，从不间断。当时，宋太宗命大臣李昉等人编写了一部规模宏大的分类百科全书《太平总类》。这部书收集、摘录了1600多种古籍的重要内容，是一部非常有价值的参考书。这本巨著完成后，宋太宗规定自己每天至少要看两到三卷，有时政务太忙未能读完，次日定要抽空补上。一年内他就把厚厚的《太平总类》读完了。宋太宗曾说："开卷有益，朕不以为劳也。"意思是说：我喜欢读书，从书中能得到许多乐趣、许多益处，我并不觉得劳神。

宋太宗从《太平总类》中了解了大量史实，记下了许多古代圣贤们的治国名言，很受启发，处理国事日渐得心应手。他后赐此书名为《太平御览》。

论人篇

人们平时大多为了自己的利益见机行事，但人应该多行善事，才会有好的际遇。

志从肥甘①丧，心以淡泊②明。

zhì cóng féi gān sàng, xīn yǐ dàn bó míng

注释

①肥甘：指富足尊贵的生活。
②淡泊：不追求名利。

解析

不要过分追求安逸的物质生活，也不要被种种欲望困惑住心灵，因为只有这样，心才能像秋水般清澈澄明，淡泊宁静，从而树立起远大的志向。也只有心境空明的时候，才能静下心来用心读书，使自己更明白事理。

导读故事

诸葛亮是三国时期著名的谋士，他的一生可以用八个字来总结，那就是"淡泊明志，宁静致远"。

刘备在三顾茅庐时，发现诸葛草庐中有一副门联：淡泊以明志，宁静而致远。其大概的意思是：不追求名利，生活简单朴素，才能显示出自己的志趣；不追求热闹，心境安宁清静，才能达成远大的目标。

诸葛亮的一生，大致可以分为两个阶段。

前27年，是他博览群书、修身养性、静观天下、立志入世的准备阶段。

后27年，是他身体力行、完善自我、鞠躬尽瘁的奉献阶段。我们也可以说，前27年是他的"淡泊""宁静"的阶段，后27年则是他的"明志""致远"的阶段。

诸葛亮不仅以"淡泊明志，宁静致远"作为自己一生的座右铭，还将它作为遗训传给了自己的儿子，为自己的人生画上了圆满的句号。

yì zhǎng yì tuì shān xī shuǐ
易涨①易退山溪水，
yì fǎn yì fù xiǎo rén xīn
易反易复②小人③心。

注释

①**涨**：升高、提高。
②**复**：翻，倒过来。
③**小人**：品质不好的人。

解析

山中的溪水容易暴涨，也容易猛退，而小人的心就如同溪水一样，反反复复，总爱出尔反尔。言而无信，表里不一，变化无常，这些是做人的大忌。正人君子必定"言必行，行必果"。只要认识到这一点，就可以了解周围的人哪些是伪君子、真小人。对伪君子，应该避而远之。

导读故事

　　清朝名臣曾国藩在指派李鸿章训练淮军时，李鸿章带了三个人求见，请曾国藩给他们分配职务。不巧，曾国藩刚好饭后出外散步，李鸿章命三人在室外等候，自己则进入室内。

　　曾国藩散步回来后，李鸿章请曾国藩传见三人。曾国藩说不用再召见了，并对李鸿章说："站在右边的是个忠厚可靠的人，可委派他做后勤补给的工作；站在中间的是个阳奉阴违的人，只能给他无足轻重的工作；站在左边的是个上上之才，应予以重用。"

　　李鸿章惊奇地问道："您是如何看出来的呢？"

　　曾国藩笑道："刚才我散步回来，走过三人的面前时，右边那人垂首不敢仰视，可见他恭谨厚重，故可委派后勤补给的工作；中间那人表面上毕恭毕敬，但我一走过，他立刻左顾右盼，可见他阳奉阴违，故不可用；左边那人始终挺直站立，双目正视，不卑不亢，乃大将之才。"

曾国藩所指左边的那位"大将之才"，就是后来担任台湾巡抚的鼎鼎有名的刘铭传。曾国藩通过观察一个人的行为举止，来认识其品德与才能，而后量其能否授予官职，这是识人而非相人。

居^①视其所亲^②，达^③视其所举^④；
富视其所不为，贫视其所不取。

jū shì qí suǒ qīn　　dá shì qí suǒ jǔ
居视其所亲，达视其所举；
fù shì qí suǒ bù wéi　　pín shì qí suǒ bù qǔ
富视其所不为，贫视其所不取。

注释

①居：居家，指没有显达时。
②所亲：所亲近的人。
③达：显达、显贵。
④所举：所举荐的人。

解析

看一个人的操守如何，就要看他成功前与什么样的人亲近，成功后所举荐的是一些什么人；再看他富贵时不做什么样的事，贫困时不去追求什么东西。若一个人平时常与贤明之人亲近；显达时能任人唯贤；拥有财富时，并不是用来满足私欲，而是常常接济穷人；贫穷时依然能洁身自好，不违背良心。那么这样的人，可以算得上是正人君子了，值得我

们尊重和学习。

导读故事

苏格拉底是古希腊著名的哲学家，历史上关于他的故事有很多，下面这个故事反映了苏格拉底识人的哲学。

有一位叫东格拉底的人，经常挑剔苏格拉底的学识，还总爱嗤笑苏格拉底的扁鼻子。苏格拉底的学生柏拉图为此感到愤愤不平，便对老师说东格拉底这个人不尊重老师，不怎么样。谁知苏格拉底却笑了笑，缓缓地说："可我倒觉得，他这人很可爱。"柏拉图很奇怪地问："您怎么会这样认为呢？"苏格拉底说："他很孝顺，对他的母亲每天都照顾得非常周到；他还十分尊敬老师，从来没有对老师不恭的行为；他对朋友们很真诚，常常当面指出别人的不足，帮助别人改正；他对孩子很友善，我经常看到他和孩子们一起做游戏；他对穷人极富同情心，有一次，我亲眼看见他找出身上最后一个铜板，丢进一个乞丐的帽子里……"

"但是，他对您却不那么尊敬啊！"柏拉图打断老师的话说。

"孩子，问题就在这里，"苏格拉底站起身来，拍了拍柏拉图的肩头，认真地说，"一个人如果站在自己的立场上去看待别人，常常会把人看错。所以，我看人，从来不看他对我如何，而是看他对别人如何。"

jié jiāo　xū shèng jǐ　　sì wǒ　bù rú wú

结交①须胜己，似我②不如无。

tīng jūn yī xí huà　　shèng dú shí nián shū

听君一席话③，胜读十年书④。

注释

①结交：交朋友。
②似我：才能与自己差不多的人。
③一席话：一次谈话。
④十年书：读十年书的收获。

解析

　　交朋友，要结交那些比自己优秀的人，这样就能从别人身上学到很多，使自己不断进步；如果对方的知识技能和个人修养跟自己差不多，跟他结交就没什么意义了。跟学识渊博的高明人士交谈，得到的启发和收获，有时候会让你觉得比读 10 年书的收获还要多。所谓"近朱者赤，近墨者黑"，跟优秀的人在一起，自然会变得优秀；与小人为伍，时间久了，就会染上不少恶习。所以，交友一定要慎重，不能来者不拒，而应该有所选择，亲疏有别。

导读故事

　　东汉末年，有个叫郭泰的文人，他学问高深，为人谦和，很多人都慕名前往，拜他为师。其中有个叫魏照的人，不仅

常来听他讲课，还把行李搬来，整天和他住在一起。郭泰感到很奇怪，问："别人听完课都回家了，你为什么早晚都陪着我呀？"

魏照说："因为我发现您不仅学识渊博，而且是一个品格高尚的人。找到一位传授知识的老师很容易，但找到一位能教自己做人的老师却很难。我天天和您在一起，就是要学习您待人接物时所表现出的高尚品格。"郭泰很高兴，尽心竭力地教他。魏照很快就成为学识渊博、品格高尚、志向远大的人。

sǔn yǒu jìng ér yuǎn
损友①敬而远②，

yì yǒu qīn ér jìng
益友③亲而敬。

yǔ zhì tóng dào wǎng bù xīng
与治④同道⑤罔⑥不兴⑦，

yǔ luàn tóng shì wǎng bù wáng
与乱⑧同事罔不亡。

注释

①损友：对自己有损害的朋友。

②敬而远：表面上尊敬，实际上不与之亲近，内心里疏远他。

③益友：对自己有益的朋友。

④治：有才能的人。

⑤同道：共事。

⑥罔：无，没有。

⑦兴：旺，好。

⑧乱：不好的人。

解析

与人交往，对那些在德行和学识上对自己有损害的朋友，应在不得罪他的情况下渐渐疏远他，对那些促使自己进步的朋友，则既要亲近他，又要尊敬他。和那些有才能、有德行的人一起共事，事情总是进展得很顺利；和那些无才无德的人一起共事，则很难做成什么大事。所以，应该常与那些德才兼备的人一起共事，这样不仅能从他们身上学到东西，而且能与之同

甘苦、共患难，相扶相持，最终有所成就。若与那些无才无德的人一起共事，则不仅不能指望他在困难的时候拉你一把，还得时时提防他是否会起坏心，自然办不了大事了。

导读故事

墨子是春秋战国时期的思想家、政治家，墨家学派的创始人。墨子的学说在当时思想界影响深远，与儒家思想并称"显学"。墨子一生交友甚广，但其交友有一个原则，即主张慎交友、交好友。墨子的这一思想从下面这个故事中可以很好地体现出来。

有一次，墨子在染坊看到染丝后，十分感慨地说："把丝放在青色的染料里，它就变成了青色；放在黄色的染料里，它就变成了黄色。染料变了，染出的颜色也就变了，染五次就能出现五种颜色。染东西不能不慎重。"墨子由此推及交朋友，认为交朋友也如同染丝，如果交了好朋友，则会受到好的熏陶，使自己的品行变得更好；如果交了坏朋友，则会受到坏的影响，使自己的品行向坏的方向发展。因此，墨子认为，要利于修身，就要谨慎地选择朋友。

xiá nì　è shào　　jiǔ bì shòu qí lěi
狎昵①恶少②，久必受其累③；

qū zhì　lǎo chéng　　jí zé kě xiāng yī
屈志④老成⑤，急⑥则可相依。

注释

①狎昵：接近、亲近。
②恶少：有恶劣行为的花花公子。
③受其累：受到他的连累。
④屈志：谦逊。
⑤老成：思想成熟而有才能。
⑥急：紧急情况。

解析

　　与那些品行恶劣的人在一起鬼混，时间久了必然会受其影响和连累；与那些思想成熟而有才能的人相处，即使处在万分紧急的情况下也可以依靠他。这句贤语与上两句贤语说的是同一个道理，就是交友一定要慎重。与品行高尚的人相处，自然会让自己耳濡目染，无形中提高自己的修养；而与品行低劣的人相处，不仅不能进步，而且还可能变成跟他们一样的人。

导读故事

　　无产阶级革命导师恩格斯年轻的时候，他的父亲曾要求他去学习经商，但他却非常厌恶自己的商人家庭和身边那些

庸人朋友。他决意不"步父亲的后尘"，坚决摒弃了一切资产阶级的社会交往活动，经常到工人住宅中同工人一起生活，并在那里结交朋友。特别是他结识马克思以后，这种慎重的交友态度，对青年恩格斯的健康成长起到了极其重要的推动作用，直到他成为世界著名的无产阶级革命导师。

xiū xiàng jūn zǐ chǎn mèi
休向①君子谄媚②，

jūn zǐ yuán wú sī huì
君子原无私惠③；

xiū yǔ xiǎo rén wéi chóu
休与小人为仇，

xiǎo rén zì yǒu duì tou
小人自有对头。

注释

①休向：不要向。
②谄媚：阿谀奉承。
③私惠：私心杂念，图私利的心思。

解析

不要在正人君子面前阿谀奉承，因为君子本无任何私心杂念；也不必与卑鄙小人结下仇怨，因为他们品行恶劣，早已结下了死对头。君子一身清白，刚正不阿，他人的谄媚，

对他就是一种侮辱；而小人则私心太重，若与他结下仇怨，必会引来不择手段的报复，何况他自有对头，自有人去对付他，所以不用跟他计较。

导读故事

清朝嘉庆二十五年（1820 年），林则徐被任命为江南监察御史，巡视江南各地。他到澎湖群岛寓所刚歇下，有个自称"花农"的人献上一盆玫瑰花，还说要请林大人换个大盆栽种。林则徐心知有异，一脚踢翻花盆，盆里现出一个红包。包里是一只足有半斤重的金老鼠和一纸信笺，上面写着："林大人亲收，张保敬献。"林则徐当场将张保行贿的金老鼠没收，上缴国库。

道光十九年（1839 年），林则徐赴广州查禁鸦片。5月间，英国商务代表义律请林则徐到他的私邸参加宴会，并将一只精致方盒捧送给林则徐道："请大人笑纳我们的小小见面礼。"林则徐接过来打开一看，只见大红软缎衬垫上放着一套鸦片烟具：白金烟管、秋鱼骨烟嘴、钻石烟斗，旁边是一盏巧雅孔明灯和一把金簪，光彩夺目，起码值 10 万英镑。林则徐道："义律先生，本部堂奉皇上旨意，到广州肃清烟毒。这套烟具属于违禁品，本当没收，但两国交往，友谊为重，请阁下将烟具带回贵国，存入皇家博物馆当展品吧！"义律被讽刺得无地自容，只好将礼品收回。

爱人者，人恒^①爱。

ài rén zhě　rén héng ài

敬人者，人恒敬。

jìng rén zhě　rén héng jìng

注释

①恒：常。

解析

一个关爱别人的人，会因为他发自内心的无私和博爱精神，而得到别人的关爱。一个尊敬别人的人，也会因为他庄重恭敬、待人和蔼可亲，而得到别人的尊敬。相反，如果一个人不懂得关爱别人、尊敬别人，也必将得不到别人的关爱和尊敬。人与人之间的感情是相互的，没有播种自然就不会有收获。

导读故事

孔子是我国古代著名的思想家，他主张仁爱，认为"仁"是人与生俱来的本性。当学生樊迟问他什么是"仁"时，孔子答道："爱人。"他告诉樊迟，如果不懂得如何"爱人"，人就不成其为人，社会也就不成其为社会了，"爱人"是良知对人发出的"绝对命令"。有一次，孔子家的马厩着火了，火烧得很大。孔子知道这件事后，首先关切地问："马厩着这么大的火，烧到人没有？"他并不急着关心自己的财产，而是首先关心人是否有事，这件事充分体现了他的仁爱之心。

xīn kǒu rú yī tóng sǒu wú qī
心口如一①，童叟②无欺。

rén ér wú xìn bù zhī qí kě yě
人而无信③，不知其可④也。

增广贤文

注释

①**如一**：一样。
②**童叟**：儿童与老人。
③**信**：信用。
④**可**：可以，行。

解析

一个人能做到心里怎么想，嘴里就怎么说，而且即使是对无知的小孩子或者脑子有点糊涂的老人也都一样诚实无欺，这就算得上是一个正人君子了。做人若连最起码的诚实都做不到，是不会交到朋友的，更不可能做成什么大事。

导读故事

宋朝有个叫查道的人，为人格外诚实。

有一天，他和仆人挑着礼物去看远方的亲戚。走到中午，两个人都饿了。正好他们路过一个枣园，查道见树上挂满熟透的枣子，便叫仆人去树上摘些枣来吃。两人吃完后，查道并没有急着赶路，而是拿出一串钱，挂在摘过枣的树上。

仆人感到很奇怪，问道："枣园的主人又不在，何必这样认真呢？"查道却说："讲诚信是做人的基本原则，虽然枣园主人不在，也没有别人看见，但我们的确吃了人家的枣子啊！既然吃了人家的枣子，就应该给钱。"仆人为此格外佩服查道的人品。

gān cháng xù ruò chūn fēng
肝肠①煦②若春风，

suī náng fá yī wén hái lián qióng dú
虽囊乏③一文，还怜茕独④；

qì gǔ qīng rú qiū shuǐ
气骨⑤清如秋水，

zòng jiā tú sì bì zhōng ào wáng gōng
纵⑥家徒四壁，终傲王公。

注释

①肝肠：内心。
②煦：温暖，此处延伸为热心的意思。
③囊乏：口袋里什么也没有。
④怜茕独：怜恤孤独无依靠的人。茕，无兄弟。独，无子女。
⑤气骨：气节。
⑥纵：即使。

解析

内心善良、富有同情心的人，即使自己身无分文，也会怜悯那些孤寡无依靠的人，尽自己的力量给予他们帮助；洁身自好、不随波逐流的人，他的人品和气节就像秋水一般清澈，纵然家境贫寒、一无所有，也不将财富和权势放在眼里。

善良和洁身自好的品质是千金难买的，即使生活清贫，只要你还保有这些可贵的品质，你就是富足的；若连这些品质也丢了，那就真的一无所有了。所以无论处境好坏，都不应丢弃做人的根本。

导读故事

北宋有个叫张知常的人为人善良，宽宏大度，凡事总为他人着想。

张知常在太学的时候，家里托人带给他 10 两金子。同寝室的人趁张知常外出时，打开箱子，把金子拿走了。学校的官吏召集同寝室的人进行搜查，结果搜到了金子。张知常知道如果承认是自己的，那么偷金子的人必将受到责罚，况且其在众目睽睽之下必将深感羞耻，无地自容，于是说道："这不是我的金子。"那个偷金子的人被张知常的善良感动了，于是趁夜晚将金子还给了张知常。张知常知道他很穷，便送了一半金子给他。如果说张知常送人金子，是人们容易做到的，但找到被偷的金子却不认，又有几个人能做到呢？也就是说，像张知常这样能够一心替别人着想，是很多人所做不到的。

nìng kě zhèng ér bù zú
宁可正①而不足②，
bù kě xié ér yǒu yú
不可邪③而有余④。
nìng xiàng zhí zhōng qǔ
宁向⑤直中取，
bù kě qū zhōng qiú
不可曲⑥中求。

注释

①**正**：正直，做正直的人。
②**不足**：不富足。
③**邪**：为人邪恶。
④**有余**：富足有余。
⑤**宁向**：情愿朝着。
⑥**曲**：弯曲，这里指歪门邪道。

解析

　　我们一定要注意内在修养，宁愿生活贫穷，也不能为了一己私利做出违背良心的事，如果那样，即使聚敛起了万贯家财，终究会因为自己的恶行惴惴不安，承受内心的痛苦折磨。一个正人君子，如果他想要得到什么，一定会以正当的方式来获取，而不是通过旁门左道来获取。只有这样，才能心安理得，泰然生活。

导读故事

　　海瑞在福建省南平县任了将近 4 年的县学教谕，虽屡屡冒犯上司，但由于其为人正直，业绩斐然，深受一些正派官员的推崇。嘉靖三十七年（1558 年），海瑞终于得到京师吏部的垂青，被委以浙江淳安知县一职，这一年海瑞已经 46 岁了。在海瑞上任之前，淳安县的风气之颓废、治理之混乱出乎海瑞的意料。海瑞到淳安上任后，做的第一件事就是革除

县府各官的"常例"(所谓的"常例",是明朝中后期各级官吏敲诈勒索下级官员和黎民百姓的一种较为文雅的叫法,即官吏们为了应付各种排场开销和交际应酬之需,想出各种名目向下摊派),此事于民有百益而无一害,但此举把他所有的同僚都得罪了。众官除了俸薪外不敢侵占一厘民脂民膏,他们都过上了清贫的日子。不少官吏也学着海瑞一样,督促自己的家人或织布、或耕田,以作日常周济之需。

bù zuò　　 fēng bō 　　 yú shì shàng
不作①风波②于世上，

dàn　　 liú qīng bái zài rén jiān
但③留清白在人间。

注释

①不作：不要无事生非。
②风波：人际间的纷争。
③但：只要。

解析

　　与人相处，要特别注意人际关系的和谐，不要无事生非、制造麻烦，那样的话，既影响了别人的正常生活，也会给自己增添许多不必要的烦恼。做人还要保持清正廉洁，能够这样度过一生，就能使自己在人世间留下好名声。

导读故事

魏晋时期，有一对清廉的父子，父亲叫胡质，儿子叫胡威，他们虽然都官至刺史，但为人谦和，以清正廉洁著称。胡质生性深沉朴实，为官时不贪图财物，死时家中也没有余财，他的言行给子孙们树立了很好的榜样。胡质的儿子胡威从小就学习父亲清廉的操行。有一次，他去京城看望父亲，父亲送给他一匹绢作为盘缠，胡威跪在地上，坚决不要，他说："孩儿虽然知道父亲清廉，但不知道这绢的来历，还是不能接受。"直到胡质说明这是用自己的俸禄买的，胡威才放心地收下。

胡质、胡威父子清正廉洁，在当时声名远扬。

将相^①顶头堪^②走马，

公侯^③肚内好撑船。

注释

①将相：将、相均为国家官员，此泛指大度的人。
②堪：可，能。
③公侯：与将相意近。

解析

　　大将和宰相应能承担大事，头顶上可以跑马；公侯应当宽宏大量，肚子里可以行船。

导读故事

　　279 年，赵国的蔺相如完璧归赵，立了大功，拜为上卿，位在大将军廉颇之上。廉颇自恃功高，很不服气，扬言要羞辱他。蔺相如听到廉颇的话，常常称病不上朝，不跟廉颇争位。

　　有时蔺相如坐车外出，碰见廉颇就赶紧避开。门客以为他胆小怕事，蔺相如说："秦王那么厉害，我都不怕，难道还怕廉颇？我是考虑到强大的秦国之所以不敢入侵赵国，只是因为有我和廉颇这两个文臣武将在。如果二虎相斗，必有一伤，势必削弱抵御外敌的力量。我之所以躲避廉将军，是为了顾全国家大局呀！"

　　这话传到廉颇耳中，廉颇觉得很惭愧，便袒衣露体，背负荆条，来向蔺相如请罪，说："我粗野低贱，志量浅

狭，开罪于相国，相国如此宽容，我死不足以赎罪。"于是将相重归于好，成了生死之交。

jūn zǐ liàng dà   xiǎo rén qì dà
君子量①大，小人气②大，

è rén dǎn dà   shàn rén fú dà
恶人胆大，善人福大。

注释

①量：气量，度量。
②气：脾气。

解析

　　所谓君子，首先都是气量大、能容忍他人的人；而小人总是斤斤计较，稍不遂意就大发脾气。作恶的人总是胆大妄为，什么都敢做；而行善的人一生行善，不求回报，才是最有福气的人。做人就应该做度量大、能容人的君子，这样的人，自然会受到他人的尊敬；做人还应该有一颗善良的心，时时不忘行善，这样的人终会得到好报。

导读故事

　　元代吴亮所著的《忍经》里，记载了这样一个故事：有一个官员，名叫王德，喜欢与人为善，不管是对朝中官员，还是对

平民百姓，他都一视同仁。关于这一点，很多与王德同时代的人都知道。有一次，御史中丞孔道辅等人抓住王德的一个小错误，就上奏皇上以求惩罚。皇上听后，罢免了王德的官，将他贬出京城镇守外地，后又被贬官去了随州。朝中官员都为王德担心，但王德就像什么事都没发生一样，心里很平静，只是不再招待宾客朋友而已。后来，孔道辅去世了，有朋友对王德说："看，这就是害你的人的下场！"王德并不幸灾乐祸，反而伤心地说："孔道辅在他那个位置，只是做了他该做的事，怎么能说害我呢？可惜啊，朝廷又失去了一位直言敢谏的大臣。"王德以善待人，以德报怨，其度量之大，心胸之豁达，值得后人学习。

qín　　 yì xíng　 yě　　　 jūn zǐ mǐn yú dé yì
勤，懿行^①也，君子敏于德义^②，

shì rén zé jiè qín yǐ jì　 qí tān
世人则借勤以济^③其贪；

jiǎn　　 měi dé yě　　 jūn zǐ jié　 yú huò cái
俭，美德也，君子节^④于货财，

shì rén zé jiǎ jiǎn yǐ shì　 qí lìn
世人则假^⑤俭以饰^⑥其吝。

注释

①**懿行**：美好的品行。
②**敏于德义**：急于修养品德和道义。敏，急于。

③**济**：帮助。

④**节**：节俭。

⑤**假**：假借。

⑥**饰**：修饰，掩盖。

解析

　　勤奋，是一种美好的品德。君子勤奋，是为了修身养性，提高自己的品德，让自己更明白事理，而凡夫俗子则借着勤奋的名义来满足自己贪婪的需求；节俭，也是一种美好的品行。君子总是在消费方面非常节俭，而凡夫俗子总是借着节俭的名义来掩盖自己吝啬的品性。真正的君子，勤奋追求的是更高的人生境界，而不是富足的物质生活，节俭也只是用来约束自己，对待别人却慷慨无比。我们要做这样的君子，勤以修身，俭以养德。

导读故事

　　唐太宗深知物力维艰，非常注重节俭。作为一个新王朝的君主，一般来说都会大兴土木，以显示自己的威严。但唐太宗认为这样做劳民伤财，所以一改以往新君登基后大兴土木的风气，仍然住在隋朝时期的旧宫殿里面。在他的带动下，朝廷上下逐渐形成了崇尚节俭的风气，并出现了一大批以节俭闻名的大臣。

　　唐太宗常常对臣下说："人君依靠国家，国家依靠百姓。

剥削百姓来奉养人君，就像割人君自己身上的肉来食用，肚子虽然饱了，但身子也就毁了，人君虽然富了，但国家也就亡了。所以人君的灾祸，常常不是来自于外力，而是由自己一手造成的。朕常常思考这个道理，所以不敢奢侈纵欲。"

唐太宗还经常教育太子李治要奉行节俭。比如在吃饭时，唐太宗会告诫他说："你若知道了耕种的艰难，不浪费粮食，自然会常常有饭吃。"在骑马时，唐太宗又会说："你若体会了马的艰辛，不舍得一次耗尽它的体力，就能经常有马骑。"

zǔ zōng fù guì   zì shī shū zhōng lái
祖宗富贵①，自诗书中来，
zǐ sūn xiǎng fù guì ér jiàn shī shū
子孙享②富贵而贱③诗书；
zǔ zōng jiā yè   zì qín jiǎn zhōng lái
祖宗家业④，自勤俭中来，
zǐ sūn dé jiā yè ér wàng qín jiǎn
子孙得家业而忘勤俭。

注释

①**富贵**：富裕的生活。
②**享**：享受。
③**贱**：轻贱，看不起。
④**家业**：家传的事业或学问。

解析

祖宗之所以能够让自己和后代过上富裕的生活，都是通过苦读书，求得功名，才换来的；而后代在享受这来之不易的富裕生活的同时，却轻贱书本，不知道读书的益处。祖宗繁华的家业都是他们一针一线勤俭持家，才得以维持的；而子孙继承了祖先的家业，却忘记了勤俭持家的家训。坐享其成的人，永远不知道富足的生活来之不易；只有白手起家的人，才真正懂得多读书的重要和发展家业的艰辛。我们能有今天的生活，都是祖宗勤奋努力得来的，我们一定不能忘记祖传的家训，一定要勤奋读书，勤俭持家，让社会变得更好！

导读故事

晏子是春秋时期杰出的政治家、外交家和思想家，他是一个非常注重节俭的人。晏子虽然官至齐相，地位很高，但他的住房却很破旧。齐景公得知这一情况后，心里十分过意不去，特意为他建造了新居，劝他搬进去住。可是晏子却说："我的先人一直在这里居住，生活得挺好，我不能因为贪图享受而将节俭的好传统丢掉啊！"最后，晏子还是坚持住在破旧的祖屋，而没有搬进豪华的新居。

在生活上，晏子也十分节俭。据说晏子有一件裘皮大衣，居然穿了三十年而没有换过，因此有些官员以此来嘲笑晏子，但是晏子却不以为然。

像晏子这样的高官贵族，能有这样节俭的作风，确实值得我们好好学习。

kè jǐ zhě　　chù shì jiē chéng yào shí
克己①者，触事皆成药石②；

yóu rén　zhě　　qǐ kǒu　jí shì gē máo
尤人③者，启口④即是戈矛。

注释

①**克己**：约束自己。
②**药石**：药物，意指警戒。
③**尤人**：怨天尤人。
④**启口**：开口。

解析

那些能够严格要求自己的人，遇事都能从自身查找原因，从来不去胡乱责怪别人。他们遇事善于总结经验和教训，下次遇到同类问题，绝不再犯同样的错误；而那些总是怨天尤人的人，遇事总爱怪罪他人，一开口，话语中就带着刺，他们总要伤害别人，而自己也并不能从中获益。聪明的人遭遇挫折不会怨天尤人，因为怨天尤人不仅于事无补，而且容易伤害他人；他们会自问自省，找出失败的原因，尽量避免下一次的失败。

导读故事

皇甫绩，字功明，隋朝人。他 3 岁时，父亲就去世了，由外祖父韦孝宽抚养长大。

有一次，皇甫绩与几个表兄下棋玩，韦孝宽知道后，认为他们荒废学业，要严厉处罚他们，但怜悯皇甫绩年纪尚小，又是个孤儿，因此网开一面，不打算处罚他了。谁知皇甫绩知道后，却说："我由外祖父养育，没有父母管教，如果不能自己严格约束自己，自励自强，将来怎能做大事呢？"于是，他便让人杖打了自己 30 下。皇甫绩小小年纪，便如此严于律己，勇于承认错误、改正错误，韦孝宽看后欣慰地流下了眼泪。皇甫绩从小自勉自励，后来果真大有作为，成为隋朝名臣，在文武百官中享有很高的声望。

zhì zhě　jiǎn bàn　　xǐng zhě　quán wú
知者①减半②，省者③全无④。
shēn yù chū fán lóng　wài　　xīn yào zài qiāng zi　lǐ
身欲出樊笼⑤外，心要在腔子⑥里。

注释

①**知者**：智者，有自知之明的人。
②**减半**：犯错误的机会减少一半。

③**省者**：自我反省的人。
④**全无**：不会犯错误。
⑤**樊笼**：牢笼，比喻人世间。
⑥**腔子**：指人的躯壳。

解析

　　一个人难能可贵的是有自知之明。在做事的时候要充分考虑自己的能力够不够，这样，起码能使自己犯错误的机会减少一半。而一个人能够经常反省和检查自己，则更为可贵，那样他基本上就不会犯错误了。你若不想受到世俗的种种束缚，就得先把自己的心思摆得端端正正。存心不良的人，总是患得患失，顾虑重重，又怎么能够身心愉快，自由自在呢？所以我们应该常常反省自己的心思是否摆得够正，这样才能使自己逐渐趋于完善。

导读故事

　　曹参当相国时，施行无为之治，每日饮酒，几乎什么事都不干。长此以往，不但同僚不能理解，就连汉惠帝也沉不住气了："相国的职责，乃是治理国家，辅佐朝政大事，为皇帝排忧解难，现在曹参身为相国而不治事，难道是因为我年轻而看不起我吗？"

　　当时曹参的儿子也在朝中为官。汉惠帝让他回家质问他父亲：先帝当年托付重臣辅佐当今皇上，皇上现在还年轻，你曹参身为相国，却每日饮酒，也不向皇上请示汇报，这样

怎么考虑天下大事啊？曹参之子机灵，回家劝谏父亲，隐瞒了汉惠帝的话，只当是自己的个人意见。

曹参一听，勃然大怒，狠狠地打了他 200 皮鞭，叱道："你小子知道什么？也敢谈论天下大事！赶快给我进宫伺候皇上去！"曹参责打的是自己的儿子，得罪的却是汉惠帝。这下汉惠帝当真生气了，在朝会上当面斥责曹参。曹参自然装糊涂，马上脱帽谢罪，然后发言："请陛下考虑一下，陛下的圣明神武比得上先帝吗？"

汉惠帝说："我怎敢与先帝相比！"曹参又问："陛下看我与萧何，哪一个更加高明？"汉惠帝说："依我看，你似乎不及萧何。"于是曹参继续说道："陛下说得是！先帝与萧何平天下，定法令，一应俱全，明确无误，现在陛下只需垂衣拱手，无为而治，我等一班朝臣只要守住职位，按部就班，遵循原有的法度而不改变，不也就可以了吗？"汉惠帝无言以对，只得说："好！曹参！现在你可以回去休息了。"

mén nèi yǒu jūn zǐ　　　mén wài jūn zǐ zhì
门内①有君子，门外君子至；

mén nèi yǒu xiǎo rén　　　mén wài xiǎo rén zhì
门内有小人②，门外小人至。

注释

①门内：家庭里。

②小人：指行为不端、不学无术的人。

解析

　　如果家庭成员当中有品德高尚、学识渊博的贤能君子，也就会常有一些品学兼优的君子上门访问；如果家庭成员当中有行为不端、不学无术的小人，也自然会引来一些品行恶劣的小人。物以类聚，人以群分，所以要想结交品行高尚的君子，则首先需要提高自身修养，才能使自己有足够的魅力吸引君子上门。

导读故事

　　战国时期，齐国有一位著名的学者名叫淳于髡。有一次，齐宣王让他举荐人才，他在一天之内就向齐宣王推荐了7个人。齐宣王觉得不可思议，对淳于髡说："我听说人才是很难得的，如果1000年之内能

出现一位贤人，那贤人就多得像肩并肩站着一样；如果 100 年之内能出现一位圣人，那圣人就像脚跟挨着脚跟来到一样。现在,你一天之内就推荐了7位贤士,那贤士是不是也太多了？"

淳于髡回答："大王,你可不能这样说。要知道,同类的鸟儿总是聚在一起飞翔,同类的野兽总是聚在一起行动。人们要是到水泽洼地去找柴胡、桔梗这类药材,恐怕永远也找不到；要是到梁文山的背面去找,就可以轻而易举地找到很多。这是因为天下同类的事物,总是聚在一起的。我淳于髡也算得上是贤士,所以您让我举荐贤士,就如同在黄河里取水、在燧石中取火一样容易,7 个根本不算多,我还要再给您推荐一些贤士呢！"所谓"物以类聚,人以群分",就是从这个故事中来的。

shì zhě guó zhī bǎo　　rú wéi xí shàng zhēn
士①者国之宝，儒②为席上珍。

注释

①士：这里指读书人。
②儒：泛指儒家文化、思想、伦理及儒者。

解析

读书人历来就像国宝一样被人们珍爱，儒家文化也历来

就如酒席上的美味一样受到大家的青睐。人类文明是建立在知识这个基础之上的，没有知识，一个国家又怎么能够治理得好呢？中国数千年来一直被称为礼仪之邦，是因为中国历来重视儒家思想、文化和伦理，并以此指导社会生活。

导读故事

鲁庄公九年（公元前 685 年）齐鲁乾时之战，鲁国军队失败后，齐国大夫鲍叔牙率领军队，代表齐桓公前往鲁国，表达齐国的意愿。

公子纠被杀以后，辅佐他的管仲随鲍叔牙返回齐国。回国以后，鲍叔牙对齐桓公说："管仲是天下奇才。您若仅仅治理齐国，那么由高傒和我辅佐即可；您若要称霸天下，则非管仲不可。"

齐桓公不记射中带钩之仇，亲自出城迎接管仲，任命他为齐相，主持国政。管仲一心辅佐齐桓公，想帮他成就霸业，对齐国很多方面都进行了大刀阔斧的改革。在政治上，他推行国、野分治的参国伍鄙之制；在经济上，实行租税改革，制定了若干有利于农业、手工业发展的政策；在管理上，他主张礼法并用，礼以使人知廉耻，法以使人守规矩。在国内政治、经济形势得到稳定和改善的基础上，管仲积极促使齐桓公采取"尊王攘夷"的方针，以建立霸权。管仲的这些政策为齐国称霸准备了物质条件。

xián zhě   bù xuàn   jǐ zhī cháng
贤者^①不炫^②己之长，

jūn zǐ bù duó rén suǒ hào
君子不夺人所好^③。

注释

①**贤者**：贤能的人。
②**不炫**：不炫耀。
③**所好**：所喜好的事物。

解析

　　贤能的人往往谦虚谨慎，他从不会在别人面前炫耀自己的长处；道德品质高尚的正人君子绝不会去夺取别人所喜好的东西。对自己谦虚谨慎，才能避免刚愎自用，从而使自己不断进步；对他人采取友好欣赏的态度，就能从他人身上学到更多，也能结识更多的朋友。

导读故事

　　19 世纪的法国著名画家贝罗尼有一次到瑞士去度假，但是每天仍然背着画架到各地去写生。

　　有一天，他正在日内瓦湖边专心致志地画画，旁边走过来三位英国女游客，看了他的画，便在一旁指手画脚地批评起来，一个说这儿不好，一个说那儿不对，贝罗尼都一一修改过来，末了还诚恳地对她们说了声"谢谢"。

第二天，贝罗尼有事到另一个地方去，在车站看到昨天那三个妇女，正交头接耳不知在议论些什么。过了一会儿，那三个英国妇女看到他，认出是昨天在日内瓦湖边见到的那个人，便朝他走过来，问："先生，我们听说大画家贝罗尼正在这儿度假，所以特地来拜访他。请问你知不知道他现在在什么地方啊？"贝罗尼朝她们微微弯了弯腰，回答："不敢当，我就是贝罗尼。"

　　三个英国妇女大吃一惊，想起昨天自己冒失的行为，一个个红着脸跑掉了。

bái jiǔ niàng chéng yuán hào kè
白 酒 酿 成 缘 好 客 ，

huáng jīn sàn jìn wèi shōu shū
黄 金①散 尽 为 收 书②。

jūn zǐ gù qióng xiǎo rén qióng sī làn yǐ
君 子 固③穷④，小 人 穷 斯⑤滥⑥矣。

注释

　　①**黄金**：指钱财。

　　②**收书**：收藏书籍。

　　③**固**：安于。

　　④**穷**：指无路可走的困境。

　　⑤**斯**：则，乃。

　　⑥**滥**：不能自守。

解析

性情豪爽的人，乐于广交良朋益友，饮酒作乐，互相切磋学问，一旦有钱便用来收购书籍，终生都在追求精神上的财富，这就是令人尊敬的君子。君子即使陷入困境之中，也不会怨天尤人，更不会做损人利己的事，始终能够坚守自己做人的原则。而那些缺乏内心修养的小人一旦陷入困境，就会不择手段、胡作非为。安贫乐道还是人穷志短，是君子和小人最显著的区别。面对困境，便可以检验出一个人的道德是否高尚。

导读故事

有一次，孔子带着他的弟子们在山东莒县一带讲学，教化民众。正是兵荒马乱的年代，他们遇到一队逃兵，被逃兵们抢走了食物和衣服。天很冷，并下着雨。孔子等饥寒交迫。当时子路很生气地问孔子："您常说我们是很有教养的人，是君子，难道君子就应该落魄到这样的地步吗？"

孔子在雨中静静地坐着，过了好一会儿他才说了一句话："君子固穷，小人穷斯滥矣。"君子和小人的区别就在于君子在困难的时候是安静的，有定力的，是守礼、守规则的；小人在遇到困难的时候是忙乱的，做事和说话是没有底线的，什么话都可以说，什么事都可以做。

孔子的弟子们听到这句具有启发性的话，一扫低落不振的情绪，子路更是高兴地在雨中手舞足蹈。

芝兰^①生于深林，不以无人^②而不芳；

君子修其道德，不为穷困而改节^③；

廉官可酌贪泉水^④，

志士不受嗟来食^⑤。

注释

①芝兰：芝草，兰花。

②无人：无人欣赏。

③节：节操，节守。

④贪泉水：传说广州石门有贪泉，饮之则生贪心。晋吴隐之为广州刺史，饮泉水，并写诗说："古人云此水，一歃怀千金。试使夷齐饮，终当不易心。"

⑤嗟来食：嗟来之食。出自《礼记·檀弓下》：春秋时齐国发生饥荒，黔敖准备了食物等候饥民来食。一饥民至，黔敖喊道："嗟！来食！"那人说："我正因不吃嗟来之食才饿成这样。"饥民坚持不吃，最后饿死。后用"嗟来之食"表示带侮辱性的施舍。

解析

生长在山谷中的兰花，并不会因为没有人欣赏就失去自己的幽香。正像这山谷幽兰，一个真正的君子，注重的是个人品德的修养，他决不会因为处在穷困当中而改变自己的气节。真正清廉的官吏，即使是饮用了"贪泉"之水，也绝不

会贪赃枉法，因为他的内心端正，不会轻易被迷惑；处在贫困当中的有志之士，就是饿死，也决不肯放弃做人的尊严，去接受侮辱性的施舍。如果一个人的品行真的端正，那么他必定不会受到外部环境的影响。贫穷也好，孤独也罢，甚至是污浊的环境，都不足以改变他的品行和气节。

导读故事

东晋时有个清官叫吴隐之，有一年朝廷派他前往广州担任刺史。离广州20里的石门，有条小河叫"贪泉"，传说无论是谁，只要喝了"贪泉"里的水，就会变得十分贪婪。吴隐之对此深表怀疑，他走到贪泉时，故意停下来，舀起水来喝。

他说："古人都说喝贪泉水会变得贪婪，我却不相信，我认为如果真是贤人，喝再多的贪泉水，也不会改变他的心志。"果然，他在任职期间，处处讲究节俭，从不铺张浪费，并革除了多年以来广州地区的弊病，深得朝廷的赞赏。皇帝为此专门下诏表彰他，并赐给他"前将军"的称号。

jūn zǐ ài cái　　qǔ zhī yǒu dào
君子爱财，取之有道①；
xiǎo rén fàng lì　　bù gù tiān lǐ
小人放利②，**不顾天理**③。
bèi rù yì bèi chū　　hài rén zhōng hài jǐ
悖入亦悖出④，**害人终害己**。

注释

①**道**：正当的途径，方式。

②**放利**：求利。

③**天理**：良心。

④**悖入亦悖出**：此处指得来不义之财，又被人用不正当的方法所骗走。

解析

君子也需要钱财来维持生活，但他们总是通过正当的途径去取得钱财。小人在利益上不择手段，也不在乎道义和良心。爱财没有错，但为了钱财不顾天理，通过不正当手段来取得不义之财，最终只能害人又害己。所以做人应该行得正，是自己的就是自己的，不是自己的不要拿。真正的君子不掩饰自己对钱财的喜爱，但也不会为了钱财出卖自己的良心。

导读故事

东汉有一位太守名叫杨震。一天夜里，杨震有位故人怀揣金钱来行贿，被他严词拒绝。故人自作聪明，说："暮夜无人知晓。"杨震说："天知、神知、我知、子知，何谓无知？"这就是史上著名的拒贿名言："杨震四知"。

常言道"没有不透风的墙""纸里包不住火"。尤其是成功进行了肮脏的"权钱交易"之后，行贿之辈必然肆无忌惮地去违法谋利而彰显恶行，还自认为"无人知晓"。其实，这

只不过是贪财之徒掩耳盗铃、自欺欺人的做法罢了。法网恢恢，疏而不漏，不法之人终将难逃法律的制裁。

rén shēng zhī zú　hé shí zú
人生知足①何时足，
dào lǎo tōu xián　qiě shì xián
到老偷闲②且是闲。

注释

①知足：知道满足。
②偷闲：挤出空闲的时间。

解析

总说人的一生要知足，然而什么时候人才会真正知道满足呢？年轻时辛苦奔波，总是不知满足；既然已经老了，就多

挤点时间轻闲自在地过吧,该知足时当知足,得偷闲时且偷闲。

导读故事

张霸,字伯饶,东汉蜀郡成都人。他从小便懂得孝顺礼让,无论大小事都依礼而行,所以人们都很尊敬他,纷纷向他学习。

张霸曾任会稽太守,政绩突出,短时间内就使越地由战乱归为安宁,因此受到百姓们的爱戴。但他懂得知足常乐的道理,知道做人如果急功近利,为了永不满足的贪欲而为所欲为,最后必将落得身败名裂的悲惨下场。所以他在此地任职三年后,便对身边的官员说:"太阳到了正中后就会偏移,月亮圆满之后就会开始亏缺。老子说'知足不辱'。"他称自己生了病,便辞去了官职,回家享清福去了。

dàn bó   yǐ míng zhì   níng jìng   yǐ zhì yuǎn
淡泊①以明志,宁静②以致远。

注释

①淡泊:恬淡寡欲。
②宁静:安宁恬静。

解析

不追求名利,生活俭朴以体现自己高尚的情趣;心情平

静沉着，才可高瞻远瞩。一个人若不能淡泊名利，而是终身为名利所驱使劳累，那么他必定没有精力去追求高尚的情趣，树立远大的志向。只有当他内心清静时，才能对自己、对社会、对生活有清醒的认识，才能有所作为。

导读故事

居里夫人天下闻名，但她既不求名也不求利。她一生获得各种奖金 10 次、各种奖章 16 枚、各种名誉头衔 117 个，却给人一种全不在意的印象。

有一天，她的一位女朋友来她家做客，忽然看见她的小女儿正在玩英国皇家学会刚刚奖给她的金质奖章，女朋友大吃一惊，忙问："居里夫人，能够得到一枚英国皇家学会的奖章，是极高的荣誉，你怎么能把奖章给孩子玩呢？"居里夫人笑了笑说："我是想让孩子从小就知道，荣誉就像玩具，只能玩玩而已，绝不能永远守着它，否则就将一事无成。"

正是居里夫人这种对名利全不在意的态度，成就了她伟大的一生。试想，居里夫人如果过多地在意名利，那么她用在科学研究上的时间和精力必将大大减少，也就不可能有这么多的成就了。

zì chǔ　chāo rán　　　　chǔ rén　　ǎi rán
自处①超然②，处人③蔼然④。

得意欿然⑤，失意泰然⑥。

dé yì kǎn rán　shī yì tài rán

注释

①**自处**：个人立身处世。
②**超然**：不为名利所困扰。
③**处人**：与人相处。
④**蔼然**：和蔼可亲。
⑤**欿然**：不自满的样子。
⑥**泰然**：不放在心上。

解析

　　个人在社会上立身处世应该淡泊名利，不要太看重利害得失，内心平和安宁，以一种超脱的态度来处理个人的日常生活。与人交往时应该庄重恭敬、和蔼可亲，得意的时候应该谦逊退让，失意的时候不气馁，不将眼前的失败和困境放在心上。不在意，自然就不会有情绪波动，也就能宠辱不惊，内心安定。这样的境界是需要长期修炼的，只有将一切利害得失都看透以后，才可能达到。

导读故事

　　唐太宗时期，有个负责运粮的官员一时疏忽，导致运粮的船只沉没了。到年终考核时，负责考核的员外郎卢承庆奉命给下级官员评定等级。评定等级事关每位官员的仕途升迁，所以大家都非常紧张。因为运粮船沉没一事，卢承庆给

那位运粮官评了个"中下级",那位运粮官却没有流露出半点不高兴的神情。后来，卢承庆综合考虑各种因素，又将运粮官的级别改成了"中中级"，运粮官没有流露出半点高兴的神情。卢承庆赞扬他"宠辱不惊，实在难得"，又将他的级别改成了"中上级"。

性天①澄澈②，即饥餐渴饮，

无非康济③身肠；

心地沉迷，纵演偈④谈玄⑤，

总是播弄精魄。

注释

①**性天**：天性。
②**澄澈**：纯洁空明。
③**康济**：调理、康复。
④**演偈**：佛教语，指讲说佛教经典。偈，佛经中的唱颂词。
⑤**谈玄**：推演道家的要义。

解析

善于保持自己天赋的本性，内心纯洁空明、不为任何欲

望困惑的人，即使过着最普通的生活，吃着粗茶淡饭，穿着布衣，也能生活得健康快乐；一心沉迷于世俗名利的人，即使整日诵经念佛，养志修道，也不过是浪费精力而已。俗语说："知足常乐""笑一笑，十年少"。如果能安时处顺，保持一种快乐的心态，自然会长寿。

导读故事

莱特兄弟，即维尔伯·莱特和奥维尔·莱特，是美国发明家。1903 年，他们成功地完成首次飞行试验后，兄弟两人名扬全球。

虽然成为世界知名人物，但他们却完全没把声名放在心上，只是默默地工作，不写自传，不参加无意义的宴会，也从不接待新闻记者。

有一次，一位记者要求哥哥维尔伯发表讲话，维尔伯说："先生，你知道吗，鹦鹉喜欢叫得呱呱响，但是它却怎么也飞不高。"

还有一个是弟弟奥维尔的故事。奥维尔和姐姐一起用餐，吃到一半，奥维尔顺手从口袋里摸出一条红丝带擦嘴，姐姐看见了问他："哪来的丝带，这么漂亮？"

奥维尔毫不在意地说："哦，这是法国政府发给我的荣誉奖章上的，刚刚嘴巴沾油没手帕用，我就拿来擦嘴了。"

莱特兄弟不为名利所左右，始终坚持做真实的自己，这样保持天性的态度是值得我们学习的。

论事篇

平时做事要注意自我保护、谨慎忍让，但必要时也应积极主动，这是做事的原则。

bù huàn　lǎo　ér　wú chéng
不患①**老而无成**②，

zhǐ pà yòu ér bù xué
只怕幼而不学③。

hào xué zhě rú hé　rú dào
好学者如禾④**如稻**⑤，

bù xué zhě rú hāo　rú cǎo
不学者如蒿⑥**如草**⑦。

注释

①**不患**：不忧虑。
②**老而无成**：年老了没有成就。
③**幼而不学**：年少时不认真读书。
④**禾**：禾苗。
⑤**稻**：稻谷。
⑥**蒿**：青蒿。
⑦**草**：杂草。

解析

　　年轻的时候不要过多地考虑自己将来会不会有成就，而应当抓紧时间努力读书。如果年轻时不努力，年纪大了就不会有什么建树了。积极上进、善于求学的人，就像稻田里的禾苗，成长起来并结出稻谷，终究会有所成就；而不学无术的人，对于这个社会来说，就像青蒿和杂草一样毫无益处。

导读故事

　　晋代的祖逖是个胸怀坦荡、具有远大抱负的人。可他小

时候却是个不爱读书的淘气孩子。进入青年时代，他意识到自己知识的贫乏，深感不读书无以报效国家，于是就发奋读起书来。他广泛阅读书籍，认真学习历史，从中汲取了丰富的知识，学问大有长进。他曾几次进出京都洛阳，接触过他的人都说，祖逖是个能辅佐帝王治理国家的人才。祖逖 24 岁的时候，曾有人推荐他去做官，他没有答应，仍然不懈地努力读书。

后来，祖逖和幼时的好友刘琨一起担任司州主簿。他与刘琨感情深厚，不仅常常同床而卧，同被而眠，而且还有着共同的远大理想：建功立业，成为国家的栋梁之才。

一天半夜，祖逖在睡梦中听到公鸡的鸣叫声，就一脚把刘琨踢醒，对他说："别人都认为半夜听见鸡叫不吉利，我偏不这样想，咱们干脆以后听见鸡叫就起床练剑如何？"刘琨欣然同意。于是他们每天鸡叫后就起床练剑，剑光飞舞，剑声铿锵。春去冬来，寒来暑往，从不间断。功夫不负有心人，经过长期的刻苦学习和训练，他们终于成为能文能武的全才，既能写得一手好文章，又能带兵打仗。祖逖被封为镇西将军，实现了他报效国家的愿望；刘琨做了都督，兼管并州、冀州、幽州的军事，也充分发挥了他的文才武略。

xué xū jìng   cái xū xué
学 须 静①，才② 须 学 。
fēi xué wú yǐ guǎng cái
非 学 无 以 广③ 才 ，
fēi jìng wú yǐ chéng xué
非 静 无 以 成 学 。

注释

①静：心静。
②才：知识和才能。

③广：增广。

解析

在学习的时候内心必须宁静，没有杂念，这样才能做到专心致志。想拥有渊博的知识和过人的才能，就必须努力学习，静心学习是增长知识和培养才干的唯一途径。

导读故事

成语"囊萤照读"常用来形容勤奋好学的精神，这个典故，讲述的是晋代人车胤勤奋读书的故事。

车胤自幼爱书如命，见书入迷，不知疲倦。有一次，本州王太守路过车胤家门，恰巧见到车胤正全神贯注地读书，王太守站在他身边好久，他全然不知。王太守十分惊奇车胤学习的专注，连声称赞，说这孩子将来必定能成大器。然而因为家贫，父母没有能力送车胤上学读书。

车胤少有大志，虽然不能到学堂读书，但

他相信只要自己刻苦学习，也一样可以成功。车胤白天下地干活，晚上一回到家就捧起书来读。然而，家里买不起灯油，天黑以后就不能再读书了。有一个夏夜，车胤发现萤火虫可以发光，欣喜若狂，于是捉来许多萤火虫装进一个白绢袋子里，借着里面发出的光读书。整个夏天，车胤就这样在萤火虫微弱的光亮下读完了很多书，常常读书直到深夜。长年累月地苦读，使车胤成为一个学问深厚的学者，受到人们的尊敬。

rén wú yuǎn lǜ　　bì yǒu jìn yōu
人 无 远 虑①，必 有 近 忧②。
wù　 lín kě ér jué jǐng
勿③临 渴 而 掘 井，
yí wèi yǔ ér chóu móu
宜 未 雨 而 绸 缪④。

注释

①**远虑**：长远的考虑。
②**近忧**：近期出现的忧患。
③**勿**：不要。
④**未雨而绸缪**：趁着天没下雨，先修缮房屋门窗，比喻事先做好准备。

解析

　　一个人如果没有长远的考虑，那么忧患一定会在近期出

现。如果等到口渴了再去挖井，就晚了。不管做什么事情，都应该提前做好准备，就像在还没有刮风下雨之前，就应该早早地把房顶修理好、把门窗拴牢一样。

导读故事

春秋时期，鲁昭公因治国不善，被人赶下了台，跑到齐国避难。齐景公询问鲁昭公失国的原因，鲁昭公进行深刻分析，总结经验教训。齐景公认为他还年轻，以后或许还能成为一个贤良的国君。晏子却不这样认为，他说："一个人已经掉进了水里，才追究掉进水里的原因；已经迷了路，才去问路；喉咙已被食物堵住，才润喉去噎，即使用最快的速度去完成，也来不及了。"齐景公听了晏子的这番话后，点头称是，默然不语。

休别^①有鱼处，

莫恋浅滩头^②。

留得五湖^③明月在，

不愁^④无处下金钩。

注释

①休别：不要离开。

②**浅滩头**：没有鱼的浅滩。

③**五湖**：广阔的江河湖海。

④**不愁**：不担忧。

解析

　　一个人能否取得成功，有赖于其是否能执着地去追求。如果急于成功，到处寻找投机取巧的机会，终将一事无成。就像钓鱼一样，不要轻易离开有鱼的地方，不要留恋那些没有鱼的浅滩。当遭遇失败和挫折的时候，千万不要气馁，只要不断增长自己的学识和才能，就不怕没有成功的机会。仍然像钓鱼，一次没钓到没关系，江河湖海，广阔依旧，明月总会再圆，坚持尝试，还怕钓不到鱼吗？

导读故事

　　有个年轻人去微软公司应聘，而微软公司当时并没有刊登招聘广告。见总经理疑惑不解，年轻人用不太娴熟的英语解释说自己是碰巧路过这里，就贸然进来了。总经理感觉很新鲜，破例让他一试。

　　面试的结果出人意料，年轻人表现得很糟糕。他对总经理的解释是事先没有准备，总经理以为他不过是找个托词下台阶，就随口应道："等你准备好了再来吧。"

　　一周后，年轻人再次走进微软公司的大门，这次他依然没有成功。但比起第一次，他的表现要好得多。而总经理给

他的回答仍然同上次一样："等你准备好了再来吧。"

就这样，这个青年先后 5 次踏进微软公司的大门，最终被微软公司录用，成为微软公司的重点培养对象。

jìn bù biàn sī tuì bù
进 步 便 思① 退 步，

zhuó shǒu xiān tú fàng shǒu
着 手 先 图② 放 手 。

注释

①思：思考。
②图：力图。

解析

做事取得进展的时候，要考虑整个事情的性质和趋向，来做出下一步决定；在开始做一件事之前，就应该预见最后的结果，这样才能尽量避免失败。这句贤语告诉我们：做任何事都要有充分的准备，在预见了事情可能出现的意外情况和结果后，做好相应的准备工作，这样才能有备无患，才能使事情进展得更顺利。

导读故事

一只野狼卧在草地上勤奋地磨牙，狐狸看到了，就对

它说:"天气这么好,大家都在休息,你也加入我们的队伍中来吧!"

野狼没有说话,继续磨牙,把它的牙齿磨得又尖又利。狐狸奇怪地问道:"森林这么静,猎人和猎狗都已经回家了,老虎也没在近处徘徊,完全没有任何危险,你何必那么用劲地磨牙呢?"

野狼停下来,说:"我磨牙并不是为了娱乐,你想想,如果有一天我被猎人或老虎追逐,到那时,我想磨牙也来不及了。而平时我就把牙磨好,到那时就可以保护自己了。"

sòng jūn qiān lǐ   zhōng xū yī bié
送君^①千里，终^②须一别。

qiān lǐ sòng háo máo   lǐ qīng rén yì zhòng
千里送毫毛，礼轻仁义重。

注释

①君：对朋友的尊称。

②终：最终，总是。

解析

朋友即将远行，依依惜别，恋恋不舍，送了一程又一程。然而送得再远，终究不得不挥泪告别。给远方的朋友送上一支羽毛，礼物虽然轻薄，但其中所要表达的情意却是深沉厚重的。这两句贤语说的是古代友人之间的深情厚谊，依依惜别也好，遥寄相思也罢，这份沉甸甸的情意是令人感动的。朋友之间建立起这么真挚深厚的情谊，是难能可贵、值得好好珍惜的。

导读故事

"千里送鹅毛"的故事发生在唐朝。当时，云南一个少数民族的首领为表示对唐王朝的拥戴，特派使臣缅伯高向唐太宗进献天鹅。

路过沔阳河时，好心的缅伯高把天鹅从笼子里放出来，想给它洗个澡。不料，天鹅展翅飞向高空。缅伯高忙伸手去

捉，只扯下几根鹅毛。缅伯高急得顿足捶胸，号啕大哭。随从们劝他说："天鹅已经飞走了，哭也没有用，还是想想补救的方法吧。"缅伯高一想，也只能如此了。

到了长安，缅伯高拜见唐太宗，并献上礼物。唐太宗见是一个精致的绸缎小包，便令人打开，一看是几根鹅毛和一首小诗。诗曰："天鹅贡唐朝，山高路途遥。沔阳河失宝，倒地哭号啕。上复圣天子，可饶缅伯高。礼轻情意重，千里送鹅毛。"唐太宗不解其意，缅伯高随即讲出事情原委。唐太宗连声说："难能可贵！难能可贵！千里送鹅毛，礼轻情意重！"

这个故事体现了送礼之人诚信的可贵美德。今天，人们用"千里送鹅毛"比喻送出的礼物虽单薄，情意却异常浓厚。

xiāng shí mǎn tiān xià　　zhī xīn néng jǐ rén
相识满天下，知心能几人。

xiāng féng hǎo sì chū xiāng shí
相逢好似初相识，

dào lǎo zhōng wú yuàn hèn　xīn
到老终无怨恨①心。

注释

①怨恨：强烈的不满、仇恨。

解析

茫茫人海中，认识的人虽多，但真正知心的朋友又能有几人呢！与人相处，若能总像初相识时那样谦恭礼让，那么不论多久，都不会产生怨恨。也只有这样，友情才能历久弥香、地久天长。

导读故事

这是一个流传甚广的故事。故事中有两个朋友甲和乙，他们一起在沙漠中旅行。在旅途中的某一天，他们俩因为

一件小事吵了起来，甲甚至还打了乙一记耳光。乙觉得很委屈，一言不发，却在沙子上写道："今天我的好朋友打了我一巴掌。"

他们继续往前走，到了一片广阔沃野，在渡河的时候乙差点淹死，幸好被甲救起来了。乙被救起后，拿了一把小剑在石头上刻写道："今天我的好朋友救了我一命。"

甲好奇地问道："为什么我打了你的事，你要写在沙子上，而我救了你的事却要刻在石头上呢？"

乙笑笑，回答："当被朋友伤害时，要写在易忘的地方，风会负责抹掉它；相反，如果朋友帮助了我，我就应该把它刻在心里的深处，牢牢地记住它。"

友 如 作 画①须 求 淡②，
邻③有 淳 风④不 攘⑤鸡 。

注释

①作画：画画。
②须求淡：必须讲究淡雅。
③邻：邻居。
④淳风：淳厚的风俗。
⑤攘：抢夺，偷。

解析

所谓君子之交淡如水，真正的朋友之间应如画画一样追求淡雅。邻里之间如果风俗淳厚，就不用担心会有人来偷鸡。最珍贵的友情莫过于"神交"，即精神上的交往和共鸣。而邻里之间最难得的莫过于相互信任。所以与人交往，若没有物质利益上的冲突，只是心与心的相通，则是最可贵的境界了。

导读故事

唐朝贞观年间，薛仁贵尚未得志之前，生活贫困，与妻子住在一个破窑洞中，衣食均无着落，幸好有邻居王茂生夫妇的慷慨接济，才得以渡过难关。

后来，薛仁贵参军，在跟随唐太宗李世民御驾东征平辽时，立了大功，被唐太宗封为"平辽王"。一登龙门，身价百倍，前来薛府送礼祝贺的文武大臣络绎不绝，可都被薛仁贵婉言谢绝了。他唯一收下的是过去的邻居王茂生送来的"美酒"两坛。

谁料，负责启封的执事官一打开酒坛，便吓得面如土色，原来坛中装的不是什么"美酒"，而是清水！"启禀王爷，此人如此大胆，居然敢戏弄王爷，请王爷重重地惩罚他！"

薛仁贵听了，不但没有生气，反而命令执事官取来大碗，当众饮下三大碗王茂生送来的清水。在场的文武百官不解其

意，面面相觑，薛仁贵这才说道："我过去落难时，全靠王兄夫妇经常救济，没有他们就没有我今天的荣华富贵。如今我美酒不沾，厚礼不收，却偏偏收下王兄送来的这两坛清水，因为我知道王兄家境贫寒，送清水也是王兄的一番美意，这就叫'君子之交淡如水'。"众人听了，纷纷点头称是。

"君子之交淡如水"的佳话也就这样流传了下来。

善^①与人交^②，久而敬^③之。
过^④则相规^⑤，言而有信^⑥。

注释

①善：善于。
②交：交往。
③敬：得到尊敬。
④过：错误。
⑤规：劝告。
⑥信：信用，诚信。

解析

善于与人交往的人，时间越久越能得到他人的敬重。所谓"善与人交"，就是坦诚相待。朋友如果有了过错，就应该

指正并规劝，同时要说话算话，不能言而无信。真正的朋友之间应该遵循"有则改之，无则加勉"的原则，这样才能共同进步。朋友是建立在相互信任的基础之上的，对朋友一定要说真话，绝不隐瞒，只有相互之间言而有信，才能真正建立起互相信任的关系。

导读故事

古人把朋友分为四类：志同道合，见到过失相互规劝的称"畏友"；患难与共、相互依赖的称"密友"；只会奉承，以吃喝玩乐相互往来的称"昵友"；互相钩心斗角、尔虞我诈的称"贼友"。"畏友"又叫"诤友"，是一种敢于讲出朋友不足的朋友，是一种真诚相待、不事虚伪的朋友，非常难得。正像陈毅所说："难得是诤友，当面敢批评。"瞿秋白和鲁迅便是这样一对好友，他们之间以"极为坦率，开诚布公"而著称于世。

瞿秋白与鲁迅在一起，常常相互批评。有一次，瞿秋白一见面就指出鲁迅在创作和翻译上用字用句不恰当的地方。鲁迅很喜欢瞿秋白这种既开门见山又非常坦诚的态度。两个人竟进行了一天一夜的畅谈。正是他们这种"如切如磋，如琢如磨"的相责，才使其友谊愈加深厚，成了生死不渝的一对"知己"。后来，鲁迅高度评价了瞿秋白这位真诚为人、不事虚伪的朋友。

增广贤文

jiǔ féng zhī jǐ yǐn　　shī xiàng huì rén yín
酒逢①知己饮，诗向会人②吟。

zhī yīn shuō yǔ zhī yīn tīng
知音说与知音听，

bù shì zhī yīn mò yǔ tán
不是知音莫与弹。

lù féng xiá kè xū chéng jiàn
路逢侠客须呈③剑，

bù shì cái rén mò xiàn shī
不是才人④莫献诗。

注释

①逢：遇到。
②会人：能够理解的人。会，理解，领悟，懂。
③呈：呈现。
④才人：有才的人。

解析

　　酒应当与知心朋友一起饮，诗应向爱诗、懂诗的人吟诵。对音乐的领悟只能说给能够领悟音乐的人听，对方若不懂得欣赏音乐，就不必费神弹琴给他听。旅途中若有幸遇上义士侠客，应该呈上宝剑，以示敬意；对方若不是才子，就没必要向他献诗。这三句贤语说的都是关于知音的事。与志趣相投的朋友自然有话可说，所谓"话不投机半句多"，交友还要有所选择，应该选择与自己志趣相投的人做朋友，才能互相勉励，共同进步。

中华国学经典必读书系

导读故事

俞伯牙是晋国的官吏。一次，他回楚国探亲，夜晚将船停在一座小桥边过夜。这天刚好是中秋节，月照荒村，山水清悠，激起了他的雅兴，便在船头抚奏起了"高山流水"的琴曲。

当他弹到曲意在高山时，岸上树影中传来了喝彩声："善哉，峨峨兮若高山。"

当他弹到曲意在流水时，溪边的喝彩声又起："善哉，洋洋兮若江河。"

俞伯牙喜出望外，久候不至的旷世知音，竟在这荒村中！他忙请出岸上的知音——钟子期。二人相见恨晚，谈笑甚洽，定为生死之交。钟子期约定俞伯牙回程时再来切磋琴艺。

不料俞伯牙再来时，钟子期已经病故。俞伯牙万分悲恸，痛感世上再无知音了，便扯断琴弦，把琴砸坏，丢入溪中，终身不再弹琴。

从此，人们便把了解自己特长和才能的朋友称作知音，对自己的知心、知己、知交，也雅称为知音。

言①顾②行③，行顾言。

许④人一物，千金不移⑤。

一言既出，驷马⑥难追。

注释

①**言**：承诺。

②**顾**：顾及。

③**行**：实行。

④**许**：答应。

⑤**移**：改变，反悔。

⑥**驷马**：同拉一辆车的四匹马。

解析

做出承诺之前，一定要首先考虑到自己是不是有能力兑现，如果没有十足把握就允诺别人，万一不能兑现，就会被认为是没有信用的小人；而在具体行动和办事的时候，也要顾及已经许下的诺言，这样才会确立自己的信誉。许诺给人的一件东西，哪怕另有人想出高价收买，也不应该为了利益违背诺言。对自己已许下的承诺更不能反悔，即便四匹马拉的快车来追，也不能把它追回。总之，做人要以诚信为本。

导读故事

曾参，春秋末期鲁国有名的思想家、儒学家，是孔子门生中七十二贤之一。他博学多才，而且十分注重修身养性，德行高尚。一次，他的妻子要到集市上办事，年幼的孩子吵着要跟去。曾参的妻子不愿带孩子去，便对他说："你在家好好玩，等妈妈回来，将家里的猪杀了煮肉给你吃。"孩子听了，非常高兴，不再吵着要去集市了。这话本是哄孩子说着玩的，过后，曾参的妻子便忘了。不料，曾参却真的把家里的一头猪杀了。妻子看到曾参把猪杀了，就说："我是为了让孩子安心地在家里等着，才说等赶集回来把猪杀了烧肉给他吃的，你怎么当真呢？"

曾参说："孩子是不能欺骗的。孩子年纪小，不懂世事，只会学习别人的样子，尤其是以父母作为生活的榜样。今天

你欺骗了孩子，玷污了他的心灵，明天孩子就会欺骗你、欺骗别人；今天你在孩子面前言而无信，明天孩子就会不再信任你，你看这危害有多大呀！"

rèn zhēn hái zì zài   zuò jiǎ fèi gōng fu

认真①还自在②，作假③费工夫。

注释

①**认真**：诚实守信。
③**自在**：心安理得。
②**作假**：弄虚作假。

解析

诚实守信是做人的基本原则，无论遇到什么情况，只要自己始终是以诚实的态度去对待，就会心安理得，没有什么可遗憾的；如果弄虚作假，即使达到了目的，也会受到良心的谴责。所以，我们应该诚实做人，对得起他人，更要对得起自己的良心。

导读故事

列宁作为世界著名的领袖人物，始终认为人与人之间无论在什么时候、什么情况下都应该真诚相待，这是社会主义制度下人际关系的新特点，即"言必信，行必果"。

"你希望别人怎样对待自己，你就应该怎样对待别人。"列宁既是这样讲的，也是这样做的。有一年，列宁接见了一位名叫切库诺夫的老农。在谈话中，老农向列宁诉说了自己生活中遇到的困难，并特别讲到了自己在路上丢了眼镜的事情。

列宁听后表示要给予关照，并决定立即给他解决眼镜的问题。谈话结束后，列宁马上叫来秘书并吩咐他让谢马什柯给切库诺夫配一副眼镜，还亲笔给谢马什柯写了一张条子。

列宁就是这样对待一位老农的，虽然这位老农由于信仰宗教没有加入共产党，但列宁对他并没有偏见，反而在一件不起眼的小事情上关心他，真正做到了"言必信，行必果"。列宁之所以得到亿万人民的信任，与他这种真诚待人、不事虚伪的领袖风范是密切相关的。

再三①须重事②，第一莫欺心③。

注释

①**再三**：重复多次。
②**重事**：重要的事情。
③**欺心**：自己欺骗自己。

解析

做任何事都要再三考虑，慎重对待，做人的第一条准则就是不要欺骗自己的良心。自欺欺人是做人的大忌，不论何时何地何种处境，都要牢记，切不可为了一己私利，而做出违背自己良心的事情。

导读故事

北宋词人晏殊，素以诚实著称。在他 14 岁时，有人把他作为神童举荐给皇帝。皇帝召见了他，并要他与 1000 多名进士同时参加考试。结果晏殊发现考试的试题是自己 10 天前刚练习过的，就如实向宋真宗报告，并请求改换其他题目。宋真宗非常赞赏晏殊的诚实品质，便赐他"同进士出身"。

晏殊当职时，正值天下太平。于是，京城的大小官员便经常到郊外游玩或在城内的酒楼、茶馆举行各种宴会。晏殊家贫，没有闲钱出去吃喝玩乐，只好在家里和兄弟们一起读写文章。有一天，宋真宗告诉大臣们，他打

算提升晏殊为辅佐太子读书的东宫官。大臣们惊讶异常，不明白宋真宗为何做出这样的决定。宋真宗说："近来群臣经常游玩饮宴，只有晏殊闭门读书，如此自重谨慎，正是东宫官合适的人选。"晏殊谢恩后，如实相告："我其实也是个喜欢游玩饮宴的人，只是家贫而已。若我有钱，也早就参与宴游了。"

这两件事，使晏殊在群臣面前树立起了信誉，而宋真宗也更加信任他了。

wàn shì quàn rén xiū mán mèi
万事劝人休瞒昧①，
jǔ tóu sān chǐ yǒu shén míng
举头三尺有神明②。

注释

①瞒昧：隐瞒。
②神明：神的总称。

解析

不管什么事，都别想有所隐瞒、欺骗，要知道举头三尺就有将一切都看在眼里的神明。

导读故事

早年，尼泊尔的喜马拉雅山南麓很少有外国人涉足。后

来，许多日本人到这里观光旅游，据说这是源于一位少年的诚信。一天，几位日本摄影师请当地一位少年代买啤酒，这位少年为之跑了3个多小时。

第二天，那个少年又自告奋勇要去再替他们买10瓶啤酒。这次摄影师们给了他很多钱，可是直到第三天下午那个少年还没回来。于是，摄影师们议论纷纷，都认为那个少年把钱骗走了。

第三天夜里，那个少年敲开了摄影师的门。原来，他在一个地方只购得4瓶啤酒，于是，他又翻了一座山，蹚过一条河才购得另外6瓶，返回时摔坏了3瓶。他哭着拿着碎玻璃片，向摄影师交回零钱，在场的人无不动容。

这个故事使许多外国人深受感动。后来，到这儿的游客就越来越多。

rén yǒu shàn niàn　　　tiān bì yòu zhī
人有善念①，**天必佑之**②。
dàn　xíng hǎo shì　　　mò wèn qián chéng
但③**行好事，莫问前程**④。

注释

①**善念**：善良的念头。
②**佑之**：庇护保佑。

③**但**：只要。

④**前程**：将来。

解析

一个心地善良的人，别人一定会善待他，他也肯定会得到老天的庇佑。真正善良的人只是一心行善，为他人着想，而不会先考虑自己的得失或自己所做的善事能否给自己的将来带来好处。考虑得太多，也许反而不能专心做事，与其这样，不如竭尽全力去做自己认为对的事，至于结果如何就暂且不去考虑了。

导读故事

宋朝有个叫王昭素的人，学识渊博，博通"九经"，同时研究老庄学说，尤其精研《诗经》和《易经》，其为人敦厚善良，乐于助人，清心寡欲。

王昭素自小好学，蔑视权贵，品行卓绝，受到同乡人的称赞。他常聚集四方学子，亲自教授他们。同乡的人发生争执，不去找官府理论，而愿意去找王昭素来解决。由此可见人们对王昭素的尊敬和信任。王昭素每次买东西，都按卖主所说的价格如数付钱，从不与人讨价还价，也不论说价格高低。县里做生意的人都达成一致，说："王先生购买东西从不还价，我们都不能向他要高价。"王昭素一日修理所居住宅时，把橡木堆积在门内。晚上有盗贼撬门进入准备盗窃橡木。王昭素发觉了，并没有做声，反而将橡木丢到门外。盗贼见此情景，惭

愧地离去了，从此乡里再也没有盗贼出入了。

王昭素的家中有一头驴子，有很多人都来向他借驴用。王昭素要外出时，总是先问仆人："外面有没有来借驴的人？"如果仆人回答："没有。"王昭素就放心地出去。原来他是怕自己外出时，来借驴的人会找不到他。他就是这样善良，心里时刻装着别人。

yī háo zhī è　　quàn rén mò zuò
一 毫① 之 恶②，劝 人 莫 作；

yī háo zhī shàn　　yǔ rén fāng biàn
一 毫 之 善③，与 人④ 方 便。

注释

①一毫：一点点。
②恶：坏事。
③善：好事。
④与人：提供给别人。

解析

如果看见别人在做坏事，哪怕是一点点，就算并不会造成严重后果，也应该劝阻他；如果能够做好事，哪怕只是一件微不足道的小事，也会给别人带来方便。一个人的品性，都能在他的一言一行中直接表现出来。品性纯良的人，绝不因为一件

善事太微不足道而不屑于做，也不会因为一件坏事很小而去做。

导读故事

元朝大宁人孙秀实，
性情刚毅，乐于助人。

同乡王仲和曾经托孙
秀实帮他向一位富人借了
2000锭钱，后来王仲和因
为贫困，不能如期还钱，
于是便抛弃自己的亲人，
逃跑了。

过了数年，王仲和的亲人因为想念王仲和病倒了，孙秀
实不但没有因为王仲和借钱不还而怨恨他，反而每天送柴送
米去探望他的家人，王仲和的家人既感激又羞愧，同时也为
还不上钱而苦恼。孙秀实非常同情他们，于是替王仲和把借
的钱还上了，并把借据取回来给了王仲和的家人，又让仆人
带上钱去把王仲和找了回来，使他们一家人团聚。

听说此事的人无不感叹孙秀实敦厚善良的德行。

wú　　shī xiǎo huì　　ér shāng dà　tǐ
毋①施小惠②而伤大体③，

毋借公论^④而快私情。

wú jiè gōng lùn　　ér kuài sī qíng

注释

①**毋**：不。
②**小惠**：小恩小惠。
③**大体**：原则。
④**公论**：公众的言论。

解析

在待人接物方面，不要因为给予别人小恩小惠而破坏了原则；不要利用公众言论来牟取私利、攻击他人，或公报私仇。

导读故事

吕蒙正是宋朝名臣，为人正直善良。

有一次，朝廷要任命高官，许多大臣都极力推荐吕蒙正，他当时不在场，有一位大臣极力反对，并说了吕蒙正许多坏话。经过多次讨论，皇帝最终还是任命了吕蒙正。过后，有位朋友为吕蒙正遭人非议愤愤不平，便告诉他这些情况，并要告诉他那人的姓名。吕蒙正却阻止了朋友，他说："我们不能因私人恩怨而影响了国家大事。如果我知道了他是谁，也许会一直记着他的过错，这有可能影响到我以后的公事。我不追问那人的姓名，也是为了以后能大公无私，秉公办事。与国家大事相比，个人的委屈算得了什么呢！"

zhī jǐ zhī bǐ　　jiāng　xīn bǐ xīn
知己知彼①，将②心比心。

shuǐ zhì qīng zé wú yú　rén zhì chá　zé wú tú
水至清则无鱼，人至察③则无徒④。

注释

①**彼**：对方。
②**将**：用，拿。
③**至察**：观察得太细致。察，明察。
④**徒**：朋友。

解析

与人相处，要学会为他人着想，体会他人的感受。水太清的地方，既没有食物可寻，又没有好的藏身之所，所以就没有鱼游到这里来了。同样的道理，如果对周围的人要求过于苛刻，就不可能交到朋友了。

导读故事

丙吉是汉武帝时期一位有名的丞相。他的车夫是一个酒鬼，周围的人常建议丙吉另换车夫，以免招惹麻烦。丙吉却认为这个人本质还好，便没有赶走他。车夫知道后，非常感激，一直想找机会好好报答丙吉。这个车夫是边疆地区的人，对边防情况很熟。有一次，车夫外出，遇见一位传递紧急公文的人，从他那里得到一个情报：匈奴将入侵代郡。他立即

回丞相府，向丙吉传达了这一情报。丙吉调查清楚后，加强了边境的防御工作。

一天，汉武帝问起边境的情况时，见丙吉不慌不忙，对边境事务了如指掌，汉武帝大大称赞了丙吉。事后，丙吉对人说："对人不能要求太苛刻，不能因为他身上的小污点就全盘否定他。如果我不把车夫当朋友，怎么能从他那里得到情报，又怎么可能了解到边疆的情况呢？"

饶^①人不是痴汉^②，痴汉不会饶人。

注释

①饶：宽容。
②痴汉：愚蠢的人。

解析

能够原谅别人的人并不愚蠢，真正愚蠢的是那些斤斤计较、从来不懂得宽恕的人。人与人相处需要一个过程，因为每个人的个性不同，总需要一段时间磨合。在这个过程中，一定要懂得得饶人处且饶人，懂得宽恕、体谅别人。饶人不是懦弱、愚蠢的行为，懂得宽恕的人不是傻瓜而是智者，因为他们懂得什么东西值得珍惜，为一些无聊的小事计较而伤了和气是不值得的。

导读故事

相传古代有位老禅师，一天晚上在禅院里散步，突然看见墙角边有一张椅子，他一看便知有个徒弟违犯寺规越墙出去溜达了。老禅师也不声张，走到墙边，移开椅子，就地而蹲。少顷，果真有一个小和尚翻墙而入，黑暗中踩着老禅师的背脊跳进了院子。当他双脚着地时，才发觉刚才踏的不是椅子，而是自己的师父。

小和尚顿时惊慌失措，张口结舌。但出乎小和尚意料的是，师父并没有厉声责备他，只是以平静的语调说："夜深天凉，快去多穿一件衣服吧。"小和尚赶紧行了礼，回了屋，此后再也不违犯寺规越墙出去玩了。

从这个故事可以看出宽容是一种胸怀，也是一种教育，它昭示了教育者的大度。

责^①人之心责己，恕^②己之心恕人。

（zé rén zhī xīn zé jǐ，shù jǐ zhī xīn shù rén）

注释

①责：责备，苛责。
②恕：宽恕，饶恕。

解析

以苛责别人的标准来要求自己，以宽恕自己的心态去饶恕他人。这句贤语告诉我们：要严于律己，宽以待人。在你苛责别人的过错之前，不妨反省一下，自己是否犯过类似的错误？如果可以原谅自己，为什么不能对别人也宽容一些呢？

导读故事

唐太宗是位能责己的皇帝。在当皇帝的第二年，有一次他命令太常少卿祖孝孙教宫女音乐，因教得不好，唐太宗大骂祖孝孙。见此情形，大臣温彦博和王条对唐太宗说："祖孝孙是受人敬仰的文士，陛下让他教宫女，又责备他，这样做是不合适的。"唐太宗听后，更为生气，说："我诚心诚意地待你们，你们该忠心耿耿地侍奉我，现在不但不维护我，反而为祖孝孙分辩。"王条大胆地接着说："陛下平时让我们忠诚正直，难道我们有偏私的行为吗？这是陛下对我们有愧，而不是臣等对陛下无礼啊。"唐太宗听了王条的话，沉默了。

第二天，他公开责备自己，说："自古帝王纳谏实在难，我昨天错误地指责了温彦博和王条，到现在还有些后悔，你们千万不可因此而不敢进言啊！"

lù jìng zè chù　　liú yī bù　yǔ rén xíng
路径①仄处②，留一步③与人行；
zī wèi nóng shí　　jiǎn sān fēn ràng rén shì
滋味浓④时，减三分让人嗜⑤。

注释

①径：经过。
②仄处：狭窄的地方。
③留一步：留一点余地。
④滋味浓：美好的味道。
⑤嗜：爱好。

解析

　　宽容和忍让是一个人应该具有的美德，为人行事给别人多留一点方便，不仅对自己没有坏处，还能够赢得别人的敬重；学会克制自己的私欲，有好东西不要一个人独占，留一部分与别人共享，别人也一定会这样对待你。无论什么时候，做什么事，我们都不应该只顾自己。多为别人着想，其实是给自己留有余地；宽容无私地对待别人，也必将得到别人的敬重和亲近。

増广贤文

从前，一座山上有座独木桥，人们必须经过这座桥才能到山的另一边去。一天，两只山羊从不同的方向来到了独木桥边，小心翼翼地走上了桥，它们谁也没有注意到对方，走到桥中间时，才发现对方挡住了自己的去路。一只山羊说："快把路让开，我要去山那边找我的朋友。"另一只山羊见它如此傲慢，生气地说："凭什么让我给你让路，我还有急事去办呢！"两只山羊互不相让，你一言我一语，最后竟顶起架来，就在它们僵持不下时，一只山羊脚下一滑，两只山羊同时掉到了山涧里。

如果这两只山羊中有一只能宽容一点，回去让对方先过，那么这一惨剧也就不会发生了。由此可见，很多时候，与人方便，自己也方便。

hòu jī bù rú bó qǔ，làn qiú bù rú jiǎn yòng
厚积①不如薄取，滥②求不如减用。

①积：积累。
②滥：过度，没有限制。

解析

与其过度而没有限制地积累财富，还不如在各方面都节俭一点，减少开支。所谓开源节流，开源是必需的，但一定要适可而止；而节流也是需要的，如果一味地开源，而不懂得节流，那么再多的财富也会被很快地挥霍干净。所以，我们在开源的同时，一定要节流，要勤俭持家，不要奢侈浪费。

导读故事

有一个发生在北宋年间的故事：当时金兵南侵，包围了京城，城内粮食断绝，许多人饥饿难忍。一户财主家也断了粮，他带儿子来到一座寺庙中找吃的，一个和尚把他们领到寺庙后面的一座仓库中，里面有一座小山似的米堆。财主恳求和尚给他们一些粮食。和尚说："你都搬走吧，这本来就是你的，现在终于可以物归原主了！"

原来这户财主家的人以前很爱挥霍浪费，每顿饭都要剩下许多白米饭，也不留着下顿吃，全倒进了门前的浅沟里。这个和尚有一次化缘经过那里时，见到他们如此浪费，曾劝过财主，财主却不以为然，还嫌他多管闲事。于是，和尚以后每次经过这里，就把财主家扔掉的白米饭从沟里捞出来晾干，日积月累，就有了这座小米山。财主听后，羞愧难当，发誓今后一定要节约粮食，再也不铺张浪费了。

汝惟^①不矜^②，天下莫与汝争能；
rǔ wéi bù jīn tiān xià mò yǔ rǔ zhēng néng

汝惟不伐^③，天下莫与汝争功。
rǔ wéi bù fá tiān xià mò yǔ rǔ zhēng gōng

注释

①惟：如果。
②矜：自夸、炫耀。
③伐：夸耀自己的功劳。

解析

　　这句贤语出自老子的《道德经》，意思是：如果你不吹嘘自己多有才能，天下就没有人能与你一争高下；如果你不夸耀自己的功劳，天下就没有人能与你争功劳了。说得更直白些，就是要求我们做人要谦虚。一个人如果放低身段，谦虚为人，就会得到更多的指教，使自己受益匪浅，不断进步；相反，一个人如果骄傲自满，自高自大，听不进别人的意见，就会止步不前，甚至退步。

导读故事

　　孔子带领众弟子去参观鲁桓公的庙宇，发现了一种叫作"溢满"的容器，这种圆形容器倾斜而不易放平。孔子不解地问守庙人这个容器的由来，守庙人说："这是君王放置在座位右边的一种器具。当它空着的时候就会倾斜，装入一半水时

就正立着，灌满了就会翻倒过来。"

孔子一听，觉得很有意思，就回头叫一个弟子上前往容器内灌水，果然在水灌满的时候容器就翻倒过来了。孔子感慨地说："不错！世上哪有满而不翻的道理呢！"之后，孔子又趁机向弟子们讲述了一番做人的道理，即做人一定要谦虚，不能骄傲自大，要像大地一样低调沉稳，承载万物，要像大海一样虚怀若谷，容纳百川。

不自是①而露才，不轻②试以幸③功。

增广贤文

注释

①自是：自以为是。
②轻：轻易。
③幸：侥幸心理。

解析

不要太自以为是，急于显露自己的才华。对于没有把握的事情，不要抱着侥幸心理轻易去冒险，这样做也许会成功，但也有可能招灾惹祸。一个人想要才华出众并不难，只要肯付出努力；但一个人若能做到才美不外露，就更可贵了。每个人都会有点虚荣心，自觉不自觉地就会将才华显露给人看，这样很容易使自己因别人的夸赞而停滞不前；而那些才不外

露的人，安静内敛，刻苦勤学，总在进步。爱出头的人总爱冒险，但很容易因一时冲动而犯错；若能有充分准备后再冒险，就不怕失败了。

导读故事

　　冯异是东汉时期的著名将领，随东汉光武帝刘秀南征北战，立下了赫赫战功。但冯异为人谦虚，从来不当众夸耀自己的功劳。

　　每一次战斗结束后，别的将领都会坐在一起夸耀自己在战斗中的表现。有人说："我打仗时总是冲在最前面，从来不怕刀枪！"有人说："我率兵冲入敌营中，几进几出，打得敌人落花流水。"然后，他们便喝酒取乐，高谈阔论。每当这时，冯异总是悄悄地走开，独自走到大树底下，从来不自夸。因此，他赢得了大家的尊敬，人们都称他为"大树将军"。

shòu xiǎng bù yú fèn wài xiū chí bù jiǎn fèn zhōng

受享①不逾②分外③，修持④不减分中⑤。

注释

①**受享**：享受。
②**逾**：超出。
③**分外**：本分以外。
④**修持**：修养身心，保持操守。
⑤**分中**：本分中的东西。

解析

享受生活虽然令人身心愉快，但要注意适可而止，如果过于贪恋享乐，那就很可能因此而堕落。不断努力提高个人修养，这是对自己负责，一丝一毫也不能松懈，而且越是勤勉对自己越有好处，怎么也不会过分。所以应常常反省自己，今天是否过于安逸？有没有勤奋学习、修养自身？如果每天都能这样督促自己，必能成才。

导读故事

吴王夫差当上霸主后，就骄傲起来，一味贪图享乐，不理国事。而这时候，勾践卧薪尝胆，加紧整顿内政，努力发展生产，使越国国力日渐强盛起来。此时，勾践身边的大臣都知道，吴王现在正坐享其成，不思进取，在国事上疏于防范。于是大臣文种向勾践提议，向吴王进贡美女。越王勾践

采纳了这个建议，派人专门去物色美貌的女子。

经过一番寻觅，他们终于找到一个美人，名叫西施。勾践就派范蠡把西施献给夫差，夫差见西施容貌出众，把她当做下凡的仙女，宠爱得不得了。

从此吴王日日沉迷于酒色，不理朝政，最后众叛亲离，这为勾践的东山再起奠定了基础。最后，勾践终于灭吴复国，吴王夫差拔剑自刎。吴王夫差以为当上了霸主，从此可以高枕无忧，于是骄奢淫逸，不思进取，最后落得个身死国灭的下场。

过①则无惮②改③，独④则毋⑤自欺。

注释

①过：错误。
②惮：怕。
③改：改正。
④独：独处。
⑤毋：不要。

解析

一个人犯了错误不要紧，只要勇于承认，及时改正，这样就很好。独自一个人时，不要认为没有人看到就可以放纵

自己，做出自欺欺人的事。

知错能改，善莫大焉，犯了错没关系，只要懂得反省，吸取教训，就不会再犯一样的错；独自一人时，不应欺骗自己，做不该做的事，而应该时时告诫自己，就算没人看到也要行得正，坐得直。

导读故事

三昧书屋是清末绍兴城里一所著名的私塾，鲁迅12岁时到三昧书屋跟随寿镜吾老师学习，在那里攻读诗书近5年。鲁迅的座位在书房的东北角，他用的是一张硬木书桌。现在这张木桌还放在鲁迅纪念馆里。如果仔细看，就会发现这张书桌的右上角有一个用刀刻写出来的"早"字。关于这个"早"字，有一个广为人知的故事。

鲁迅13岁时，他的祖

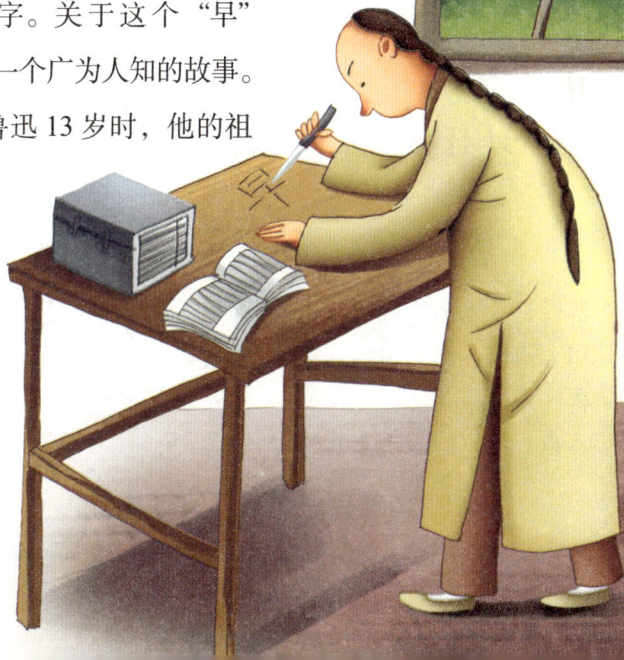

父因科场案被逮捕入狱，父亲长期患病，家里越来越穷，他经常到当铺当掉家里值钱的东西，然后再去药店给父亲买药。有一次，父亲病重，鲁迅一大早就去当铺和药店，赶到私塾时老师已经开始上课了。老师看到他迟到了，就生气地说："十几岁的学生，还睡懒觉，上课迟到！下次再迟到就别来了！"鲁迅听了，点点头，没有为自己作任何辩解，低着头默默回到自己的座位上。

第二天，他早早来到学校，在书桌上用刀刻了一个"早"字，心里暗暗发誓："以后一定要早起，不能再迟到了。"

以后的日子里，父亲的病越来越重，家里很多活都落在了鲁迅肩上。他每天天不亮就起床，料理好家里的事就赶紧跑到私塾去上课，再也没有迟到过。

勿因群疑①而阻②独见，

勿任己意而废③人言④。

注释

①群疑：众人的质疑。
②阻：阻拦，这里指动摇。
③废：否定。
④人言：别人的看法。

解析

经过反复思考，深信自己的观点是正确的，就不要因为众人的质疑，而动摇坚持真理的决心，放弃自己的见解；在对自己和别人的意见没有充分理解之前，也不要固执己见，轻率地否定别人的意见。学习的过程中，若认为自己是正确的，就应坚持到底；但对别人的见解，不论正确与否，都应予以尊重。如果是对的，就予以支持；如果是错的，就委婉指正。若能有这样的学习态度，必能取得长足的进步。

导读故事

唐太宗是中国历史上著名的明君，在他统治期间，唐代出现了繁荣的局面，史称"贞观之治"。唐太宗十分善于听取臣下的劝谏，他与魏徵的故事历代为人们所传颂。

魏徵忠于职守，经常上疏。贞观初年，他见唐太宗不如建国初期那样励精图治，于是上了一道有名的《十渐疏》，指出唐太宗的一系列过失，并要唐太宗提高警惕。唐太宗读后十分感动，悉数采纳，并将此疏制成屏风陈于室内，时时引以为戒。

后来，当唐太宗听到魏徵去世的消息时，悲痛万分，背诵《十渐疏》相送，并说自己失去了一面鉴戒的镜子。

jìng zuò cháng sī jǐ guò
静坐①常思己过②，

xián tán mò lùn rén fēi
闲谈莫论人非③。

注释

①**静坐**：独自闲坐。
②**己过**：自己的过错。
③**人非**：别人的缺点、是非。

解析

一个人独自坐着的时候，应该反省一下自己平常的行为中是否有不足之处或者过错，这样就能不断进步；与别人在一起聊天的时候，千万不要去议论他人的过错。这种背后议论人的行为，会使人觉得你是个搬弄是非的小人。若能一有空闲就扪心自问，必能得到长足进步，提高自身修养。

导读故事

从前，有两个人在同一个师傅门下学习修身养性和做人处世的道理。其中一个徒弟常常思考自己的行为有没有违背师傅的教诲。如有违背，他总是虚心改正，并不议论别人的错误，而是自我反省。另一个徒弟经常无所事事，从不静下心来潜心学习，总是喜欢在背后说人长短，搬弄是非。

对于两个徒弟的行为，师傅看在眼里。他对那个经常自

我反省的徒弟很满意，对那个喜欢说长道短的徒弟则总是耐心开导，劝他多向另一个徒弟学习。但他对师傅的话总是不以为然，对他同门的行为也不屑一顾。他还是像以前一样，我行我素。

有一天，师傅把两个徒弟叫到跟前，跟他们说："我把我所有的养生和处世之道都教给你们了，现在，我已经没有什么可以传授的了。你们现在各自去体验生活，去做自己该做的事吧。三年以后，你们再来向我汇报各自的情况。"

三年很快过去了，两个徒弟都如期来到师傅面前。那个经常自我反省的徒弟现在已经考取了功名，在官场上春风得意，而且家庭和睦。而另一个到现在还一事无成，要靠朋友的救济才能勉强过活。于是师傅对那个喜欢说长道短的徒弟说："你知道自己和师兄的差别在哪里吗？"

他低头不语，似乎有所顿悟。

师傅继续说道："静坐常思己过，闲谈莫论人非，把时间用在自己的作为上，而不是浪费在议论他人的是非上。这样才能深刻认识自己，不断完善自己，才能成就大事。"

wú　　yǐ　jǐ chánɡ ér xínɡ　rén zhī duǎn
毋①以己长而形②人之短，
wú　 yǐ jǐ zhuō ér　jì　 rén zhī nénɡ
毋以己拙而忌③人之能。

注释

①毋：勿，不要。

②形：比。

③忌：妒忌。

解析

不要用自己的长处去比较别人的短处，也不要因为自己在某一方面比较笨拙就忌妒别人的才能。尺有所短，寸有所长。每个人都有自己的专长和优点。以己之长形人之短而骄傲自满，或以人之长比己之短而心生忌妒，都是毫无意义的。若能与周围的人互相学习，共同进步，何愁自己的才干不会逐渐得到提高呢？

导读故事

这是一个流传已久的寓言故事。一只小羊和一头高大的骆驼相遇了，骆驼看见小羊又矮又瘦，很轻视它。恰好这时骆驼肚子饿了，于是它就抬头吃起了树上的树叶，吃得很开心。

同时，它还用鄙夷的眼神看看小羊，说："怎么样，你这么矮小，没办法吃到树叶吧？"

小羊听了又气又急，在树下不停地跳跃，想够到树叶。过了一会儿，小羊和骆驼又同时发现了一个木栏中有许多鲜嫩的小草。骆驼想过去吃草，但它个子太高，根本无法钻过木栏。小羊却不同了，它轻而易举就钻过去了，美美地吃了个饱，留下的骆驼在木栏外干瞪眼。这则寓言告诉我们，拿自己的长处去羞辱别人的短处是不对的。所谓术业有专攻，每个人都有自己的优势所在，只有互相学习，才能取长补短，共同进步。

sān rén xíng　　bì yǒu wǒ shī yān
三人行，必有我师①焉：
zé　qí shàn zhě　ér cóng zhī
择②其善者③而从之，
qí bù shàn zhě ér gǎi　zhī
其不善者而改④之。

注释

①**我师**：我的老师。
②**择**：选择。
③**善者**：长处和优点。
④**改**：纠正。

解析

与别人在一起相处，其中一定有人可以做我的老师，他的长处和优点即使非常有限，但只要他的这些优点是我所没有的，就值得学习。对于他的短处和缺点，可以作为一面镜子，用来与自己进行对照，这也是一种学习的方式。因此只要虚心请教，随时随地都有机会学习。

导读故事

孔子一生勤奋好学，而且十分谦虚，不论任何人，只要有一技之长，他都虚心向他们学习。一次，孔子外出讲学，走到一个路口时，见有几个小孩在玩堆沙子的游戏，挡住了他的去路，当孔子问他们为什么不让路时，一个叫项橐的小孩提出了自己的看法。孔子提出涉及天文、地理、自然、人生的问题，项橐都能对答如流。孔子十分惊叹项橐的聪明，于是不耻下问，诚恳地拜这个 7 岁的小孩为师。

gǒu bù xián① jiā pín②　　ér bù xián mǔ chǒu
狗 不 嫌① 家 贫②，儿 不 嫌 母 丑 。

zǎo bǎ gān zhǐ③ qín fèng yǎng
早 把 甘 旨③ 勤 奉 养 ，

xī yáng guāng yīn bù duō shí
夕 阳④ 光 阴 不 多 时 。

注释

①**嫌**：嫌弃。
②**家贫**：家境贫穷。
③**甘旨**：美味佳肴。
④**夕阳**：喻指父母晚年。

解析

狗虽然是动物，也能对喂养它的主人心怀感恩，从不会因为主人贫穷而离去；做子女的就更不应该嫌弃自己的母亲相貌丑陋或品行不好，因为母亲对自己有生养之恩，我们应诚心诚意地关怀和孝顺自己的母亲。所以趁着父母还健在，好好孝敬他们，多从生活和精神上关怀他们吧，因为父母为我们操劳一生，已经年老体衰，岁月已近黄昏，我们孝敬他们的机会已经不多了。

导读故事

1962 年，陈毅元帅出国访问回来，路过家乡，抽空去探望身患重病的老母亲。

陈毅的母亲瘫痪在床，大小便不能自理。陈毅进家门时，母亲非常高兴，刚要向儿子打招呼，忽然想起了换下来的尿裤还在床边，就示意身边的人把它藏到床底下。

陈毅见到久别的母亲，心里很激动，上前握住母亲的手，

关切地问这问那。

　　过了一会儿，他对母亲说："娘，我进来的时候，你们把什么东西藏到床底下了？"母亲看瞒不过去，只好说出实情。

　　陈毅听了，忙说："娘，您久病卧床，我不能在您身边伺候，心里非常难过，这裤子应当由我去洗，何必藏着呢。"母亲听了很为难，旁边的人连忙把脏裤子拿出来，准备抢着去洗。

　　陈毅急忙挡住并动情地说："娘，我小时候，您不知为我洗过多少尿裤，今天我就是洗上 10 条尿裤，也报答不了您的养育之恩！"说完，陈毅把尿裤和其他脏衣服都拿去洗得干干净净，母亲欣慰地笑了。

xiào　dāng jié lì　　　fēi tú yǎng shēn
孝①**当竭力**②，**非徒养身**③。

yā yǒu fǎn bǔ zhī xiào　　yáng zhī guì rǔ zhī ēn
鸦有反哺之孝④，**羊知跪乳之恩**⑤。

注释

①**孝**：孝顺。
②**竭力**：尽最大的力量。
③**非徒养身**：不是光养活他。养身，供养。
④**鸦有反哺之孝**：乌鸦长大后会衔食哺其母。
⑤**羊知跪乳之恩**：羊羔在吃奶时跪在地上，如谢母恩。

解析

孝顺父母应当竭尽全力，并不是养活他们就够了，而应该发自内心，从物质和精神等各个方面使父母感到欣慰和快乐。即便是乌鸦，长大后也知道衔食来喂养它们年迈的母亲；羊羔吃奶的时候，也是跪在母亲的身边来吮吸。连它们都懂得孝顺和感恩，我们是否更应身体力行，常为父母做些事，以尽孝道，报答父母的养育之恩呢？

导读故事

在中国的古书上，有"香九龄，能温席"的记载，讲述的是我国古代"黄香温席"的故事。

黄香小时候，家中生活艰苦。在他 9 岁时，母亲就去世了。黄香非常孝敬父母，在母亲生病期间，他一直不离左右，守护在母亲的病床前，端茶倒水，喂药喂饭。母亲去世后，他很悲伤，对父亲也更加关心、照顾，尽量让父亲少操心。

冬夜里，天气特别寒冷。那时，农户家里没有任何取暖的设备，屋子里寒冷无比。一天，黄香晚上读书时，感到特别冷，捧着书卷的手一会儿就冰凉冰凉的了。他想："这么冷的天气，父亲待会儿去睡觉一定很冷，他老人家白天干了一天的活，晚上还不能好好地睡觉，怎么行呢？"想到这里，黄香心里很不安。最后，黄香想出了一个办法，他读完书便悄悄地走进父亲

的房里，给他铺好被，然后脱了衣服，钻进父亲的被窝里，用自己的体温温暖了冰冷的被窝之后，才招呼父亲睡下。黄香用自己的孝敬之心温暖了父亲的心，父亲深感欣慰，逢人便夸黄香懂事。"黄香温席"的故事就这样传开了，街坊邻居人人夸奖黄香。

ài rì yǐ chéng huān
爱日①**以承欢**②，

mò dài dīng lán kè mù sì
莫待丁兰刻木祀③；

zhuī niú ér jì mù
椎④**牛而祭**⑤**墓**，

bù rú jī tún dài qīn cún
不如鸡豚⑥**逮**⑦**亲存**。

注释

①**爱日**：珍惜时日。

②**承欢**：让父母快乐。

③**丁兰刻木祀**：汉代人丁兰，父母双亡，因思念双亲，就将双亲之像刻在木头上祭祀。

④**椎**：杀。

⑤**祭**：祭祀。

⑥**鸡豚**：是指美味的食物，富足的生活。豚，猪。

⑦**逮**：这里是"给予"的意思。

解析

　　珍惜时日，尽量让父母生活得更快乐、更满足，不要像丁兰一样想孝敬父母时，父母已不在人世。与其等到父母去世后宰牛祭祀家墓，还不如趁着父母健在，用鸡肉、猪肉等美味食物孝敬父母，让他们安享晚年。孝顺父母应表现在行动上，而且一定要趁早，不要总想着长大后再报答父母，不妨从现在开始，时刻把父母放在心上，多关心他们，学会体谅他们，理解他们对我们的爱，并以爱相回报。

导读故事

　　丁兰，相传为东汉时期河内（今河南黄河北）人，幼年父母双亡，他感念父母的养育之恩，于是用木头刻成双亲的雕像，供在厅堂上，早晚孝敬他们，就像他们在世一样。丁兰凡事都和木像商议，每日三餐敬过双亲的雕像后自己方才食用，出门前一定禀告，回家后一定面见，从不懈怠。时间久了，丁兰的妻子对木像便不太恭敬了，有一次好奇地用针刺木像的手指，居然有血流出来。丁兰回家见木像眼中垂泪，问知实情，立即休了妻子。

píng shēng mò　zuò zhòu méi　shì

平 生 莫 作 皱 眉 事①，

世上应无切齿^②人。

shì shàng yīng wú qiè chǐ rén

注释

①皱眉事：让人皱眉的事，指让人厌恶的事。

②切齿：咬牙切齿，形容非常痛恨。

解析

平素我只要不做让人皱眉、令人厌恶的事，这世上应该就不会有讨厌我、痛恨我的人了。这句贤语是要告诉我们，平时做人行事一定要端正，不要损害他人的利益，也不要伤害他人的内心。这样，就问心无愧，也不用担心招人讨厌、被人咒骂了。

导读故事

宋神宗年间，苏东坡因被人诬陷而入狱。一天夜里，他正要入睡，忽见一个人走进囚室，放下一个箱子做枕头，倒地便睡。苏东坡以为是新来的囚犯，并不理会，只管安睡。不料在天快亮时，那人推醒他，说了一句："恭喜！"

"喜从何来？"苏东坡不解。

那人又说："你我明天就可

以出狱了。"苏东坡更加不解。那人这才说出自己的身份，原来那人是皇帝派到狱中观察苏东坡的太监。那人回宫禀报皇上："苏轼内心安定，夜间睡得很沉。"宋神宗点点头："我知道他问心无愧。"果然没过多久，苏东坡就被释放出狱了。

良心，是公正的审判官，人若在良心上不自责，就是真正的平安。行事为人若端正无邪，良心自然安定无愧。

shǐ kǒu bù rú zì zǒu
使口^①不如自走^②，

qiú rén bù rú qiú jǐ
求人^③不如求己^④。

注释

①**使口**：动嘴，开口支使人。
②**自走**：自己动手做。
③**求人**：请求别人。
④**求己**：独立自主。

解析

动口支使别人不如自己去做。过多地去请求别人，容易使自己产生一种依赖感，不利于自己的发展，而且求别人帮忙远远不如自己动手可靠。所以我们要养成独立自主的性格，自己做自己的主人。

德山宣鉴禅师，四川剑南人氏，刚到南方时，受到点心婆子的一番教训，指示他参访龙潭崇信禅师悟道。德山禅师初到龙潭的时候，在山门外大声叫道："说什么圣地龙潭，既不见龙，又不见潭！"

崇信禅师在山门内应道："你已到了龙潭！"

德山禅师闻此应声，有所顿悟。从此，德山禅师便随崇信禅师参禅。

一日夜晚，德山禅师站在崇信禅师身旁，久久不去，崇信禅师说道："时间已经不早，你怎么不回去休息？"

德山禅师向门外走了几步后，回头说道："外面天黑！"

崇信禅师点了纸烛给德山禅师，德山禅师正想用手去接，崇信禅师一口气又把纸烛吹灭，问道："现在一片漆黑，你见到了什么？"

德山禅师大悟，立刻向崇信禅师行礼，说道："弟子心光已亮，从此不再总是依赖别人了。"

德山禅师悟道后，侍奉崇信禅师30余年，于84岁圆寂！

德山禅师以为不见龙不见潭，但崇信禅师告诉他，已到了龙潭，这是给他一个当下即是的感受。崇信禅师把烛光吹熄，这说明了不可依赖别人，一切要靠自己。德山禅师终于顿悟，即刻表明心迹，依赖性一除，所谓心灯亮了。

lì wēi xiū fù zhòng yán qīng mò quàn rén
力 微①休 负 重②，言 轻③莫 劝 人。

qiú rén xū qiú dà zhàng fu
求 人 须 求 大 丈 夫，

jì rén xū jì jí shí wú
济④人 须 济 急 时 无。

增广贤文

注释

①**力微**：力量微薄。
②**负重**：肩负重担。
③**言轻**：说话没有分量。
④**济**：救济，接济。

解析

做任何事，都要量力而行，不要不自量力，去做自己力不能及的事，那是肯定做不好的；如果说话没有分量，你就不要自作聪明去规劝别人。当你身处困境需要帮助的时候，一定要请求那些有气量、有仁义之心的人，因为只有他们才会诚心给予你帮助。反过来，在你帮助别人时，得弄清楚对方是否急需你的帮助，否则，别人会误认为你在施小恩小惠，笼络人心。总之，做任何事都要具体情况具体分析，无论是从自身还是从对方，抑或是时机、处境等各方面都要全盘考虑。

导读故事

胡雪岩是清代一位富有传奇色彩的商人，他的经商才能、

处世哲学，一直为人所称道。胡雪岩出身贫寒，年轻时在一家钱庄当跑腿。一天，他在路上遇见贫困潦倒、流落杭州街头的王有龄。胡雪岩见他气度不凡，不像一个没出息的人，当即表示愿意助其一臂之力，送他进京谋官，并冒着被老板责罚的危险将钱庄刚收上的 500 两银子借给了他。王有龄千恩万谢，拿了钱北上京城，终于找到了故交，当上了浙江粮台总办。

王有龄到杭州上任后便去找胡雪岩，把以前借的银子加上利息一并奉还，并鼓励他自办钱庄。几年后，王有龄升任浙江巡抚，又保荐胡雪岩接任粮台，使胡雪岩成了掌管浙江粮食的最高官员。胡雪岩的经商才能得到了充分发挥，钱庄办得红红火火，在江浙一带曾设库有 33 处之多，一度垄断金融，操纵江浙商业；后又掌管粮食，相继开设了不少店铺，并从事对外贸易，又兼管药

材，富甲一方。胡雪岩在王有龄落难的时候慷慨资助，正是在适当的时机帮助了需要帮助的人，这与他后来的成功是密切相关的。后来胡雪岩由于屡建功勋，成为当地红极一时的人物，被人们称为"红顶商人"。

ruò dēng gāo bì zì bēi　　ruò shè yuǎn bì zì ěr
若登高必自卑①，若涉远②必自迩③。
sù xiào mò qiú　　xiǎo lì mò zhēng
速效④莫求，小利莫争。

注释

① **自卑**：从低处开始。卑，低。
② **涉远**：远游。
③ **自迩**：从近处开始。迩，近。
④ **速效**：很快见到成效。

解析

当我们想要登上那高峰的顶点时，得先从低处的山脚下开始，老老实实、一步一个脚印地向上攀登；当我们要去远方时，也必须从近处开始，一步步地到达目的地。所以说，做一件事情，不要要求立竿见影，事实上"欲速则不达"，心情越是急切，做事时越容易出错，反而会耽误事情的进展。同样的，做任何事都不要只顾小利不顾大局，如果老是将心思放在争夺小的利益上，对你应该做的大事反而无所顾及，

是不可能走向成功的。

《为学》中曾经有这样一个故事：四川的边境有两个和尚，一个穷和尚，一个富和尚。

有一天，穷和尚告诉富和尚："我要去南海，怎么样？"富和尚说："你凭着什么去呀？"

穷和尚说："我只要有一个盛水的瓶子和一个盛饭的钵就足够了。"

富和尚说："我几年来一直想雇船沿着长江往下游走，还没去成呢。你凭着什么去呀？"

穷和尚没再说什么。

到了第二年，穷和尚却真的从南海回来了，富和尚知道后，脸上露出了惭愧的神色。

蜀地距离南海是很遥远的，有钱的富和尚不能到，没钱的穷和尚却凭着双脚去了又回来了。

从这个故事我们可以知道，有了一个远大的目标，就应立刻行动起来，每天接近一点，总有一天会到达，就像穷和尚一样；如果像富和尚那样，只是谋划用更速效的方法到达，却不愿从眼前着手开始行动，则是永远不可能到达的。成功是没有捷径可取的，只能脚踏实地，一步一步去完成。

qiān gōng dài rén   zhōng hòu chuán jiā
谦恭①待人，忠厚②传家③。

注释

①**谦恭**：谦逊恭敬。
②**忠厚**：忠诚厚道。
③**传家**：家中代代相传。

解析

身处社会，应当谦逊，应恭敬地对待身边的每一个人；立足家庭，则要把忠诚厚道的美德作为传家宝一代一代传下去。家庭作为构成社会的一部分，也需要好好经营。以忠厚传家的家庭，对社会的发展能起到积极的推动作用。所以要时刻谨记古人"忠厚传家"的家训，将这一美德发扬光大，从而推动社会的进步。

导读故事

樊重，字君云，西汉南阳湖阳人。其性情温和厚道，为人乐善好施，做事讲究法度。家中三代同堂，财物共有，子孙都相互礼敬，很讲究礼仪。

樊重家世代擅长耕种庄稼，并且喜欢做生意。樊重经营家里的产业，非常得法，一点损失浪费都没有。他用工力求做到人尽其用，所以家里能够上下同心协力，财产和利润每年都成倍增长，以至于后来拥有田地300余顷。樊重家还养

鱼、养牲畜，乡里有穷困紧急的人向他家求助，樊重都不会拒绝。

樊重还经常周济本家同族，施惠于乡里。樊重的外孙何氏兄弟之间为一些财产而争斗，樊重为他们的行为感到羞耻，送给他们两顷田地，以化解他们兄弟之间的矛盾。县中的人都称赞樊重的德行，将他推为"三老"。

樊重80多岁去世，他平素借给别人的钱财多达数百万，临终前嘱咐子女们将那些有关借贷的文书契约全部烧掉。向他借贷的那些人听说后都感到很惭愧，争先恐后地前去偿还。樊重的孩子们都谨遵父亲的嘱咐，一概不接受。

chǔ gǔ ròu zhī biàn　yí cóng róng bù yí jī liè
处①骨肉②之变③，宜从容不宜激烈；
dāng jiā tíng zhī shuāi　yí tì lì bù yí wěi mǐ
当家庭之衰，宜惕厉④不宜萎靡⑤。

注释

①**处**：恰逢。
②**骨肉**：亲人。
③**变**：突变，变故。
④**惕厉**：心中警惕。
⑤**萎靡**：精神颓废。

解析

处理亲人之间的矛盾和变故时，应该和风细雨、好言相劝，力求使家庭恢复原来的和睦友爱，而不宜太偏激猛烈，以致伤害亲人之间的感情；家庭就像一个小社会，不可避免地会发生一些变故，有时甚至面临没落、衰亡的困境，当家庭走向衰败时，应当万分警惕，自强不息，为使生活走向宽裕而努力，而不要精神萎靡，意志消沉，那只会使自己和家庭从此一蹶不振。

导读故事

汉朝的时候，有一个人姓缪，名肜。他在小时候就失去了父亲。兄弟四人相依为命，住在一块儿。等到后来各自娶了妻子，妻子们要求均分家产，还屡次为这事发生争吵。缪肜听了很伤心也很气愤，就关上门，自己打着自己说："缪肜呀缪肜，你勤修身体，谨慎行为，学习圣贤的法则，想去整顿世上的风俗，然而作为一家之长，你却连自己的家庭都管不好……"缪肜的这番自责的话被门外的弟弟和弟媳们听到了，都深受感动，又愧又悔，便一一向缪肜磕头谢罪。从此，一家人再也不闹分家了，相处得和睦友爱。

bù jīn xì xíng zhōng lěi dà dé
不矜①细行②，终累大德③。
qīn qī bù yuè wú wù wài jiāo
亲戚不悦，无务外交④；
shì bù zhōng shǐ wú wù duō yè
事不终始⑤，无务多业。

注释

①**矜**：留心。
②**细行**：生活小节。
③**大德**：大节。
④**无务外交**：不必再去追求外头的交际。
⑤**不终始**：有始无终。

解析

平时不注意从细小的行为上约束自己，就会逐渐懈怠，终有一天会使自己丧失个人操守，违背道德原则；如果连家庭内部的矛盾都处理不好，就谈不上去社会上交际了；正在进行的事没有完成以前，就不要想着找其他的事做。

导读故事

汉末名士陈蕃从小心怀大志，常常独处一室，苦读诗书。有一天，他父亲的朋友来访，见庭院里杂草丛生，秽物满地，就问陈蕃："你为什么不把庭院打扫一下，来接待宾客呢？"陈蕃傲然回答："大丈夫当扫天下，安扫一屋乎？"父亲的朋

友笑着说："一屋不扫，何以扫天下？"陈蕃顿时醒悟，从此自我磨砺，终于成为一代名臣。

治国必先齐家，就是说，如果一个人连自己的家庭都管理不好，是不可能治理好国家的。所以，君子不用离开家庭，就能显示出治国的才能。

ér sūn zì yǒu　　ér sūn fú
儿孙自有①儿孙福②，
mò wèi ér sūn zuò niú mǎ
莫为儿孙做牛马③。
dàn cún fāng cùn dì　　liú yǔ zǐ sūn gēng
但存方寸地④，留与子孙耕⑤。

注释

①**自有**：自然有。
②**福**：福分。
③**牛马**：形容像牛马一样操劳。
④**方寸地**：指心，家庭风气。
⑤**耕**：耕种。

解析

子孙都将会有他们的机遇和福分，要相信他们通过自身的努力奋斗，以后也能在这个社会上开创一番事业，这些是做长辈的不能安排的。所以父母不必一辈子做牛做马般为子

孙辛苦操劳。做父母的不妨保留良好的家庭风气，自觉提高个人修养，端正品行，为子孙们树立起学习的楷模，在他们心里播下种子，让他们日后将这种好的家庭风气继承和发扬下去，定会对他们的将来有所帮助。

导读故事

　　著名作家老舍先生有一套与众不同的教子"章程"：一是不必非考100分，特别是不必门门考100分；二是不必非考上大学不可；三是应多玩，不失儿童的天真烂漫；四是要有一个健壮的体魄。

　　他注重的是孩子的自我发挥，不去给孩子规定条条框框，不求全责备，不硬逼着孩子按照一个固定的模式去规范自己。当然，老舍也不主张一味骄纵孩子。他明确要求孩子不可有虚荣心，不可贪得无厌，要诚实虚心，自劳自立。这种朴实的道德品质教育，对孩子一生的成长来说，十分必要。

jū shēn wù qī zhì pǔ，xùn zǐ yào yǒu yì fāng
居身①务期②质朴，训子③要有义方。

fù ruò bù jiào zǐ，qián gǔ bì xiāo miè
富若不教④子，钱谷必消灭。

guì ruò bù jiào zǐ，yī guān shòu bù cháng
贵若不教子，衣冠⑤受⑥不长。

①**居身**：立身处世。
②**务期**：必须。
③**训子**：教育孩子。
④**教**：教育。
⑤**衣冠**：古代士人的穿戴，此指象征士大夫、官绅的身份和地位的穿戴。
⑥**受**：承受，蒙受。

解析

立身处世务必保持品质朴实，教育子女要采用适当的方法。富裕的人家如不教育好自己的子女，迟早会被一群不肖子孙弄得倾家荡产；官员如果不教育好自己的子女，任其子女胡作非为，那么迟早也会丢掉自己的乌纱帽。富贵家庭往往比较容易忽视家庭教育，要知道，父母的一言一行，对子女都会产生影响，如若自己不身体力行，对子女言传身教，那么子女必会学到自己的恶习，终将害人害己。

导读故事

《三字经》中有这么一个故事：五代后晋有个人叫窦禹钧。他是个富商，为人不好，常欺压贫穷人家。可能是因为他做了许多缺德事，直到 30 岁还没有子女。窦禹钧非常着急，一天晚上，他做了一个梦，梦见死去的父亲责备他，劝

他改过自新。

　　窦禹钧从此像变了一个人似的，他不再欺负别人，而是经常帮助别人。后来，窦禹钧的夫人生了5个儿子。他对儿子们的教育非常严格，不仅时刻注意他们的身体，还很注重他们的学习情况和品德修养。窦禹钧的5个儿子后来都很有出息，相继中了进士。

　　窦禹钧活到82岁时寿终正寝。当朝太师冯道还特地作诗云："燕山窦十郎，教子有义方。灵椿一株老，丹桂五枝芳。"

xīn shù　　bù kě dé zuì yú tiān dì
心术①不可得罪于天地，

yán xíng yào liú　　hǎo yàng　　yǔ ér sūn
言行要留②好样③与儿孙。

注释

①心术：心思。
②留：保留。
③好样：好榜样。

解析

　　有时候为了解决问题，难免要使用一些计谋，但使用的计谋不可违背道义和良心，否则，内心的谴责将使你终生不

得安宁；为人父母一定要谨言慎行，要考虑到留个好榜样给子孙，让他们效仿，并为你感到自豪。

导读故事

元朝末年，天降灾荒，穷苦的农民李贞为了寻找妻弟朱元璋，带着14岁的儿子保儿背井离乡，一边乞讨，一边打听朱元璋的下落。

尽管一路上饥饿难耐，但是每当他们讨要到一点食物，李贞总会分一些出来给比他们更可怜的穷人。有时候路过庄稼地看到玉米秆上还有一点残存的玉米粒，李贞也坚决不让保儿去剥，而是让保儿忍耐再忍耐。

不久，李贞找到了当时已经在郭子兴起义军中任职的朱元璋。他见到李贞父子很高兴，将他们安顿下来。虽然此时他们的境况好多了，但是李贞仍不忘那些贫困的人，经常把自己的银两分给那些贫病交加的穷苦人。李贞的所作所为，给保儿留下了深刻的印象。

在朱元璋的悉心培养下，渐渐长大的保儿学得了一身本领，还学会了布阵排兵，朱元璋很喜欢他，而李贞却不时地将儿子叫到

跟前，叮嘱儿子要学会为人处世，不要忘记过去的穷苦日子。保儿 19 岁时，已经开始带兵打仗，将名字改成了"李文忠"。李文忠作战勇敢，他配合朱元璋的大将常玉春大败元朝军队，使很多人对他刮目相看。李贞看到随着众人对李文忠的奉承越来越多，李文忠似有狂傲之态，他极为不安。

有一天，他默默地拿出他们当年讨饭时盖的旧被子，放在了儿子的面前。李文忠马上理解了父亲的良苦用心，主动向父亲承认了自己的错误，表示再也不会自傲和忘本，并给自己起字号为"思本"，意思是永远不忘本。

此后，李文忠屡立战功，领导的军队也纪律严明，秋毫无犯，深受百姓的欢迎。

1368 年正月，朱元璋登基做了明朝皇帝，而李文忠也因为战功卓著，陆续被封为征虏大将军、荣禄大夫、右助国等官职，掌管国家军政大事。

dāng jú zhě mèi　　páng guān zhě　míng
当 局 者①昧②，旁 观 者③明④。
yù zhī　sān chà lù　　xū wèn qù lái rén
欲 知⑤三 岔 路 ，须 问 去 来 人 。

注释

①当局者：当事人。
②昧：不明白。

③旁观者：在旁边观看的人。

④明：清醒。

⑤欲知：想要知道。

执着于某一件事情的时候，会因为太投入而使自己缺乏对整个事态的正确判断，而旁观的人往往看得比较全面，这时就应该多听取别人的意见。人生就像平时走路，有时难免遇到不易做出抉择的岔路口，这时不妨多请教那些有经验的过来人，虚心接受他们的指导，这样就可以使自己尽量少走弯路，避免有可能出现的悔恨和遗憾。

导读故事

唐代的大臣羹光上书唐玄宗，要求把唐朝初年著名丞相魏徵整理、修订过的《类礼》（即《礼记》）列为经书，也就是作为儒家的经典著作。唐玄宗当即表示同意，并命元澹等人仔细校阅一下，再加上注解。

不料，右丞相张说（yuè）对此提出不同看法。他说现在的《礼记》，是西汉戴圣编纂的本子，使用了近千年。再说东汉的郑玄已加了注解，已经成为经书，有什么必要改用魏徵整理、修订的本子呢？唐玄宗觉得他说得也有道理，便改变了主意。

但是元澹支持羹光的建议，为此，他写了一篇题为《释

疑》的文章表明自己的观点。《释疑》是采用主客对话的形式写成的。先是客人问：“《礼记》这部经典著作，戴圣编纂、郑玄加注的本子与魏徵修订的本子相比，究竟哪个更好？”

主人回答：“戴圣编纂的本子从西汉起到现在经过了许多人的修订、注解，互相矛盾之处很多，魏徵正是考虑到这些因素而重新整理，谁会想到那些墨守成规的人会反对！”

客人听后点点头，说：“是啊，就像下棋一样，当局者迷，旁观者清。”

唐玄宗读了这篇文章，觉得元澹说得极有道理，最终决定让元澹把魏徵编写的这本《礼记》校对并注解，作为儒家经典在全国推广。

piān tīng zé àn　　jiān tīng zé míng
偏听①则暗②，兼③听则明。

wù piān xìn ér wéi jiān suǒ qī
勿偏信而为奸所欺④，

wù zì rèn ér wéi qì suǒ shǐ
勿自任而为气所使⑤。

ěr wén shì xū　　yǎn jiàn shì shí
耳闻⑥是虚，眼见是实⑦。

注释

①**偏听**：片面地听信。
②**暗**：不明白。

③**兼**：兼顾。
④**欺**：欺瞒，欺骗。
⑤**使**：驱使。
⑥**闻**：听。
⑦**实**：实际情况。

解析

对事物的了解，不能依赖自己的主观意志，否则很有可能因为个人的好恶误解了事情的真相。尤其要注意采取客观的态度，从多方面来了解情况，如果只听信片面之词，那就难免犯糊涂，而且很容易被那些奸诈小人所欺骗。有些事情，仅仅根据听来的信息判断还不够，还需要亲自考察、调查才能知道真实情况。所以，无论遇到什么事，都不要轻易或过早地做出判断，更不可因为他人的三言两语就妄加揣测，只有多方面了解情况，在了解事情的全部真相后，才能做出正确的判断，避免受到他人的误导而犯错。

导读故事

一天，唐太宗问丞相魏徵："朕作为一国之主，要怎样做才能明辨是非，不受蒙蔽而少犯错误呢？"魏徵回答："作为国君，只听一面之词，就一定会糊里糊涂，常常会做出错误的判断。只有广泛听取意见，采纳正确的主张，大臣们才不敢欺骗，下边的情况您才能了解得一清二楚。"

从此，唐太宗便很注意听取下面的谏言（批评意见），鼓励大臣们进谏。果然，国家得以长治久安。

成语"兼听则明，偏信则暗"便是由这个历史故事演变而来。

ǒu yán   nì yú rǔ xīn   bì qiú zhū dào
有言①逆于汝心②，必求诸③道④；
yǒu yán xùn yú   rǔ zhì   bì qiú zhū fēi dào
有言逊于⑤汝志，必求诸非道。

注释

①**有言**：别人说出的话。
②**逆于汝心**：违背你的心意。
③**诸**：之于的合音，这里意为"寻求它的"。
④**道**：原则。
⑤**逊于**：顺从。

解析

如果有人说的话违背了你的心意，就应该首先想想他的话是否有道理。若没有道理，大可置之不理；若有道理，就应该坦然接受。当有人说出的话与你的心意一致时，也需要求证他的话是否有道理，如果没有道理，无论怎样动听的言语都不能相信。

导读故事

魏徵进谏，凡是他认为正确的意见，必定当面直谏，坚

持到底，绝不背后议论，这是他的可贵之处。

有一次，唐太宗当着魏徵的面对长孙无忌说："魏徵每次向我进谏时，只要我没接受他的意见，他总是不答应，不知是什么缘故？"

未等长孙无忌答话，魏徵接过话头说："陛下做事不对，我才进谏。如果陛下不听我的劝告，我又立即顺从陛下的意见，那就只有依照陛下的旨意行事了，这样岂不违背了我进谏的初衷吗？"

唐太宗说："你当时应承一下，顾全我的体面，退朝之后，再单独向我进谏，难道不行吗？"

魏徵解释道："从前，舜告诫群臣，不要当面顺从我，背后又另讲一套，这不是臣下忠君的表现，而是阳奉阴违的奸佞行为。对于您的看法，微臣不敢苟同。"唐太宗非常赞赏魏徵的意见，此后再无怨言。

chán yán bù kě tīng　　　tīng zhī huò yāng jié
谗言①不可听，听之祸殃结。

jūn tīng chén zāo zhū　　　fù tīng zǐ zāo miè
君听臣遭诛②，父听子遭灭。

fū fù tīng zhī lí　　　xiōng dì tīng zhī bié
夫妇听之离，兄弟听之别，

péng yǒu tīng zhī shū　　　qīn qī tīng zhī jué
朋友听之疏，亲戚听之绝。

注释

①谗言：挑拨离间的话。
②遭诛：遭受诛杀。

解析

　　挑拨离间的话千万不能听信，否则会招来祸害。君王听信了，忠臣就会遭受诛杀；当父亲的听信了，会毁掉自己的儿子；做夫妻的听信了，会相互分离；兄弟之间听信了，会反目成仇；朋友听信了，会与你疏远；亲戚听信了，会跟你断绝往来。由此可见，挑拨是非的话真是害处多多，所以，我们不仅不能轻易听信，更不要轻易说出口。对人有什么看法，应开诚布公地说，在背后议论是小人的作为，虽只是几句话，却可能造成难以挽回的恶果。

导读故事

　　张九龄是唐玄宗时期的贤相，曾上书唐玄宗，主张重视地方官人选，纠正重内轻外的风气，认为朝廷应任人唯贤，不应论资排辈。

　　李林甫是唐朝开元、天宝年间著名的奸臣。此人

"不学有术"，尽管学识鄙陋，但玩弄权术却很有一套。他想要整倒某人时，常常故意与这个人结交示好，极尽恭维阿谀之能事，但暗地里却使用阴险的手段将对方推下台。所以人人称他"口有蜜，腹有剑"。

唐玄宗晚年越来越自负，逐渐被小人利用，李林甫就是通过巴结、逢迎而逐渐走上高位的。张九龄素来鄙视李林甫这种无德小人，屡屡当面痛斥他，并对唐玄宗说："丞相系国安危，陛下让林甫当丞相，臣恐异日有庙社之忧。"李林甫因此对张九龄忌恨不已。

张九龄在长安朝中任职其间，经过观察和分析，预见到军界门阀安禄山有篡权的野心，严重威胁到皇权。他于是进言，主张诛杀安禄山，趁早除掉祸患。但唐玄宗没有接受张九龄的忠告，反而听信了奸臣李林甫的谗言，说张九龄陷害忠良。不久，唐玄宗罢免了张九龄的宰相之职。10 多年后，正如张九龄所预言的那样，"安史之乱"爆发，鼎盛一时的唐朝从此走向衰落。安禄山反叛发生后，唐玄宗仓皇出逃到了四川，回想起张九龄当年的劝告，追悔莫及。

劝君^①莫做守财奴，
死去何^②曾^③带一文。

注释

①**劝君**：奉劝人们。

②**何**：哪个。

③**曾**：曾经。

解析

钱财不过是身外之物，生不带来，死不带去，又何必过于看重呢？所以奉劝人们，不要让钱财困缚了内心，不要做金钱的奴隶。为什么不用财富去做一些有益于人民的事，造福于社会呢？看看那些大富豪，又有谁死后曾经带走过一分一文？

导读故事

汉朝时有一个老头儿，经营着一笔不小的产业。经过多年积累，老头儿家里已十分有钱。但他既没有儿子，也没有女儿，独自一个人居住在一间大房子里。

老头儿每天天蒙蒙亮就赶紧起床来经营产业，拼命赚钱，一刻也不肯停下，直到天黑了才愿休息。

就这样，他赚了很多很多的钱，可是他总是过着俭朴的日子，粗茶淡饭，穿破旧的衣服，从不轻易花一文钱。实在迫不得已要拿钱出来买粮食，他也会心疼得好几天吃不香、睡不好。平时遇到有人向他借钱，他总是不问缘由，毫无商量余地地一口回绝。

有一天，一个非常贫困的人来找这个老头儿，苦苦哀求，老头儿被缠得实在受不了了，只得走进内室去取钱。他拿了10文钱，从屋里慢慢走出来，走几步就减掉一文钱，走几步就减掉一文钱，等他走到外面来时，手里只剩下5文钱了。即便只是 5 文钱，老头儿也是极不情愿地把它交给了人家，还心疼得紧闭双眼，看也不忍心看。

不久，老头儿死了。因为没有继承人，他的田地、房产都被官府没收，他积累的钱财也都充公了。

钱财生不带来，死不带去，本是供人用的，老头儿却被金钱驱使，成了钱的奴仆。在处理钱的问题上，我们可不能学这个老头儿，要让金钱用在该用的地方。

bù jí jí yú fù guì
不 汲 汲①于 富 贵 ，
bù qī qī yú pín jiàn
不 戚 戚②于 贫 贱 。
sù wèi ér xíng bù yóu bù yuàn
素 位③而 行 ， 不 尤 不 怨④。

注释

①**汲汲**：急切地追求。
②**戚戚**：烦恼忧愁的神情。
③**素位**：宁静淡泊地处在自己的位置。

④**不尤不怨**：不埋怨。

解析

财富和地位就像天上飘过的云彩，因此不必太放在心上，没有必要去急切地追求；处在贫困当中也用不着忧心如焚、急于摆脱，个人的价值体现在人生的实践过程中，淡泊宁静，不急功近利，不怨天尤人，脚踏实地做自己该做的事，就万事无忧了。

导读故事

原宪是孔子的弟子，他以清静守节、安贫乐道而受人尊敬。他的房子是用草搭成的，门是用蓬草编成的，门枢是用桑树条做的，屋内上漏下湿，原宪端坐其中却丝毫不觉清苦，以修习礼乐教化的儒道为乐。

有一天，子贡去拜访原宪，他乘坐着高头大马拉的车，穿着雪白华丽的衣服，因为小巷容不下他的大车，子贡只好下车步行前去敲原宪家的门，只见原宪戴着用桦树皮做的帽子，拄着手杖出来迎接他。见原宪一副穷困寒酸的样子，子贡笑说："嘻！先生这是生病了吗？"

原宪回答他说："我听说没有钱财叫作贫，学了道却不能身体力行才叫作病，我现在是贫并不是病。"子贡听后，惭愧地离开了。

论物篇

本篇内容十分广泛，从礼仪道德、典章制度到风物典故、天文地理，几乎无所不包。

yíng jǐn zì zhào　　yàn bù gū xíng

萤仅自照①，雁不孤行②。

注释

①照：照明。

②行：飞行。

解析

　　萤火虫发出的微弱的光只够照亮自己，大雁从来不会独自飞行。这句贤语告诉我们：做人不应太自私、太孤立，而应该融入群体中，与他人分享快乐。不应像萤火虫一样，即使发出光来，也只够照亮自己，而应该与他人和睦相处，就像南来北往的大雁一样，总有同伴相随。

导读故事

　　独学无友，孤陋寡闻；广交朋友，受益匪浅。在人类历史的长河中，由于受到朋友的启发、帮助和支持，而成就大业的名人有很多。

　　德国诗人歌德与席勒是一对好朋友。席勒作为当时德国的一颗文学巨星，在督促自己专心致志创作的同时，还非常关心歌德的写作与进步，经常给予他真诚的帮助和支持。这种朋友之间的帮助，是歌德成功的一个重要因素。正因为如此，歌德对席勒一直念念不忘，曾深情地对席勒说："你给了我第二次青春，使我作为诗人而复活了。"

　　《子夜》是茅盾于 1933 年推出的一部文学巨著，其影响之大是大家有目共睹的。然而，茅盾之所以能顺利完成《子夜》的写作和出版，与瞿秋白的鼎力相助是分不开的。茅盾与瞿秋白自 20 世纪 20 年代初就成了好朋友。当年，瞿秋白得知茅盾正在创作小说《子夜》，就给予茅盾很多帮助。特别是在茅盾遇到困难时，他更是给予大力的支持和帮助，直到《子夜》出版为止。此书从构思到具体章节，瞿秋白都曾提出一些重要的修改意见，帮助茅盾不断完善这本书。

táo lǐ bù yán xià zì chéng xī

桃李^①不言，下自成蹊^②。

注释

①**桃李**：桃树、李树。
②**蹊**：小路。

解析

　　桃树、李树不能言语，但它们有着芬芳的花朵、甜美的果实，所以也会吸引人们到树下赏花品果，树下自然就走出一条小路。这句贤语出自《史记·李将军列传》，比喻只要为人真诚，严于律己，自然会感动别人，受到别人的青睐和敬仰。

导读故事

西汉时期，有一位勇猛善战的将军，名叫李广，一生战功卓著，深受官兵和百姓的爱戴。然而，李广虽然身居高位，统领千军万马，是保卫国家的功臣，但他一点也不居功自傲。他不仅待人和气，还能和士兵同甘共苦。每次立功，朝廷都会给他丰厚的赏赐。每次受赏他首先想到的是他的部下，总是毫不吝惜地将那些赏赐分给官兵们；行军打仗时，遇到粮食或水供应不上的情况，他自己就陪同士兵们一起忍饥挨饿，从不行使任何特权；打起仗来，他总是身先士卒，英勇顽强，只要他一声令下，士兵们个个奋勇杀敌，一往无前。这是一位多么让人崇敬的大将军啊！

当李广将军去世的噩耗传到军营时，全军将士无不痛哭流涕，连许多并不熟识大将军的百姓，在听说他的事迹后，也自发地去祭奠他。在人们心目中，李广将军就是他们崇拜的大英雄。

史学家司马迁后来在为李广将军立传时称赞其"桃李不言，下自成蹊"，意思是说李广将军正是以他质朴、高尚的品德赢得了人们的尊敬。

chún wáng chǐ hán， fǔ① chē② xiāng yī③。
唇 亡 齿 寒， 辅①车②相 依③。

注释

①**辅**：颊骨。
②**车**：牙床。
③**依**：依赖、依存。

解析

嘴唇没有了，牙齿就会感到寒冷，它们的关系就像颊骨和牙床，是互相依赖互相依存的。这句贤语出自《左传·僖公五年》，用来比喻两者关系密切，互相依存。

导读故事

658年，晋国准备攻打虢国，可是要途经虞国，担心虞国不愿意让晋国经过他的国土去攻打他国。大夫荀息献计说："如果把美玉、宝马送给虞国国君，他应该会答应借路的。"晋献公就采纳此计，派使臣给虞国国君送上美玉、宝马，并提出借道的请求。

虞国的贤臣宫之奇劝国君不要借道给晋国，否则大祸就会降临到虞国的头上，因为虞国和虢国的关系，就像颊骨与牙床、嘴唇与牙齿的关系——相互依靠。谚语说"唇亡齿寒"，如果嘴唇没有了，牙齿就会感到寒冷。今天虢国之所以没有

被灭掉，依靠的是虞国；虞国之所以没有被灭掉，依赖的正是虢国。如果借道给晋国去打虢国，那么虢国在早上灭亡，虞国就会在当天晚上被消灭。所以，千万不能借道给晋国！

然而，虞国国君并没听取宫之奇的忠告，他收下晋国送上的美玉、宝马，向晋国的军队敞开了城门。果然不出宫之奇所料，晋国派荀息带兵借道虞国攻占了虢国，回来时把虞国也消灭了。

^{yù} ^{bàng} ^{xiāng} ^{chí}　　　^{yú} ^{rén} ^{dé} ^{lì}
鹬①蚌②相持③，渔人得利。
^{chéng} ^{mén} ^{shī} ^{huǒ}　　　^{yāng} ^{jí} ^{chí} ^{yú}
城门失火，殃④及池⑤鱼。

注释

①鹬：一种长嘴的鸟，常在浅水边吃小鱼、贝类、昆虫等。

②蚌：软体动物，有两个椭圆形介壳，可以开闭，生活在淡水中。

③持：僵持、对抗。

④殃：祸害。

⑤池：指护城河。

解析

前两句出自《战国策》，是说蚌张开壳晒太阳，鹬去啄它，嘴被蚌壳夹住，双方都不相让，后来渔翁来了，把它们

都捉住了。后两句意思是：城门失火，大家都到护城河取水灭火，最后水用完了，鱼也死光了。这两句贤语告诉我们：任何事物之间都是相互联系的，哪怕是一些表面看来并没有直接联系的事物之间，也可能存在间接的联系。

导读故事

战国时期，赵国准备攻打燕国，燕王派苏代去赵国游说赵王不要发动战争。苏代给赵王讲述了一个故事，说的是一只河蚌在岸上夹住一只鹬鸟的长嘴，双方争执不让，最后被一个渔翁双双擒住。苏代把赵燕之战喻为"鹬蚌相持"，告诉赵王，如果燕赵发生战争，只会两败俱伤，而让其他国家坐收渔人之利。赵王听了苏代的话，觉得他言之有理，于是放弃了攻打燕国的打算。后以"鹬蚌相持"比喻双方相持不下，第三者因而得利。

近水楼台先得月^①，

jìn shuǐ lóu tái xiān dé yuè

xiàng yáng huā mù zǎo féng chūn

向阳^②花木早逢春。

注释

①**得月**：映照到月亮的倒影。

②**向阳**：朝向太阳。

解析

靠近水边的楼台因为没有树木的遮挡，能先看到月亮的投影；迎着阳光的花木，光照多，最早接受春天的滋润。这句贤语告诉我们：学习或工作，应该充分利用有利的条件，为自己的学习、工作找到或营造一个良好的环境。

导读故事

范仲淹是宋朝时的一位政治家、文学家，他学识渊博，能诗善文，曾多次在朝廷担任要职。有一段时间，他镇守杭州，任职期间对手下的官员都有所推荐，不少人得到了提拔或晋升。

有一个叫苏麟的官员，因担任巡检，常常在外，一直没有得到提拔。当他见到自己周围的同僚，无论原先职位比自己高的还是低的，一个个都得到了升迁，而自己却无人推荐，心里很不是滋味。他想自己一定是被这位范大人遗忘了。怎

么办呢？直接去找范大人吧，是去争官位，不便明说；不说吧，心里又很不平衡。为此，他心里非常矛盾。一天，他终于想出了一个巧妙的办法来，那就是写首诗去向范大人请教，实际上是去提醒他，千万别忘了自己！想到这里，苏麟高兴起来，他赶忙拿出纸笔认真地写了一首诗，将诗呈给了范仲淹，虚心地请他赐教。

范仲淹读着苏麟的诗，很快就会意地笑了。他吟诵着诗中"近水楼台先得月，向阳花木早逢春"的诗句，完全懂得了苏麟的言外之意。是呀！怎么能把他忘了呢？很快，苏麟得到了提拔。

mǔ dan huā hǎo kōng rù mù

牡丹花好空①入目②，

zǎo huā suī xiǎo jiē shí chéng

枣花虽小结实成③。

注释

①空：凭空。
②入目：观赏，观看。
③结实成：结成果实。

解析

牡丹花盛开的时候赏心悦目，可不管它有多美，也只是

虚有其表，一旦凋谢，什么都不会留下；枣花虽然小，不引人注目，但它能结出果实供人享用。这句贤语告诉我们：做人应当以务实为重，脚踏实地，莫求虚名。

导读故事

春秋时期，晋国大夫阳处父出使到魏国，回来时路过宁邑，住在一家客店里。店主姓赢，看见阳处父相貌堂堂、举止不凡，十分钦佩，悄悄对妻子说："我早想投奔一位品德高尚的人，可是多少年来，时刻留心，都没找到一个合意的。今天我看阳处父这个人不错，我决心跟他去了。"

店主征得阳处父的同意，离别妻子，跟着他走了。一路上，阳处父同店主东拉西扯，不知谈些什么。店主一边走，一边听。刚刚走出宁邑县境，店主改变了主意，和阳处父分手了。

店主的妻子见丈夫突然折回，心中不明，问道："你好不容易遇到这么个人，怎么不跟他去呢？你不是决心很大吗？家里的事你尽管放心好了。"

"我看到他长得一表人才，以为他可以信赖，谁知听了他的言论却感到非常讨厌。我怕跟他一去，没有得到教育，反倒遭受祸害，所以打消了原来的主意。"店主说。

这阳处父，在店主的心目中，就是个"华而不实"的人。所以，店主毅然离开了他。

sǔn yīn luò tuò fāng chéng zhú
笋因落箨①方②成竹，

yú wèi bēn bō shǐ huà lóng
鱼为奔波始③化④龙。

注释

①箨：从草木上脱落下来的皮或叶。
②方：才。
③始：才。
④化：变成、化作。

解析

　　笋要在经历外壳的层层脱落之后才会逐渐长成竹子，鱼也要在经历推波逐浪之后才会变成蛟龙。这句贤语告诉我们：一个人要想学有所成，事业有所建树，就要有吃苦耐劳的精神，舍得下苦工夫。

导读故事

　　很早很早以前，龙门还未凿开，伊河水流到山南被龙门山挡住了，就在山南积聚形成了一个大湖。

　　居住在黄河里的鲤鱼听说龙门风光好，都想去看看。它们从孟津的黄河里出发，通过洛河，又顺伊河来到龙门山前，但龙门山上无水路，上不去，它们只好聚在龙门的北山脚下想办法。

"我有个主意，咱们跳过这龙门山，怎么样？"一条大红鲤鱼对大家说。

"那么高，怎么跳啊？"

"跳不过去会摔死的！"

……

伙伴们七嘴八舌，拿不定主意。大红鲤鱼便自告奋勇地说："我先跳，试一试。"只见它从半里外就使出全身力量，纵身一跃，一下子跳到半空中，带动着空中的云和雨往前冲。一团天火从身后追来，烧掉了它的尾巴。它忍着疼痛，继续朝前飞跃，终于越过龙门山，落到山南的湖水中，不见了踪影。山北的鲤鱼们见此情景，一个个被吓得缩在一块，不敢再去冒这个险了。这时，天上突然降下一条巨龙说："不要怕，我就是你们的伙伴大红鲤鱼，因为我跳过了龙门，就变成了龙，你们也要勇敢地跳呀！"

鲤鱼们听了这番话，受到鼓舞，开始一个接着一个跳龙门山。可是除了个别的跳过去变为龙以外，大多数都跳不过去。凡是跳不过去，从空中摔下来的，额头上就落下一个黑疤。直到今天，这个黑疤还长在黄河鲤鱼的额头上呢。

后来，唐代大诗人李白专门为这个故事写了一首诗："黄河三尺鲤，本在孟津居。点额不成龙，归来伴凡鱼。"

shēn shān bì jìng cáng měng hǔ

深山毕竟①藏猛虎，

dà hǎi zhōng xū nà xì liú

大海终须纳②细流③。

注释

①**毕竟：**终究。
②**纳：**容纳。
③**细流：**涓涓细流。

解析

那深山老林终究是躲藏猛虎的地方，而那宽阔无边的海洋，也是容纳了无数涓涓细流才形成的。这句贤语告诉我们：做人最重要的就在于修养内涵和开阔胸襟。修养内涵，不断修炼，才能挖掘自己的才能，成为如"深山"一般有深度的人；开阔胸襟，能容得下各种不同的看法、意见，才能集思广益，博采众长，终有一天成为容纳百川的"大海"。

导读故事

林则徐年轻的时候，刻苦攻读史书，重视爱国情操，写了许多明志的对联。他出任江苏廉访使时，严格要求自己，立志绝不做老百姓深恶痛绝的"狗官"。

为了表明这一观点，他在自己的大堂上书写了一副对联："求通民情；愿闻己过。"上联号召人们揭发贪官污吏，他将

大胆处理，主持正义；下联鼓励人们给自己多提意见，他将虚心接受，坚决改正。

后来，林则徐又升任两广总督，责任更加重大。那时，帝国主义者用鸦片毒害中国人民，清政府腐败无能，不敢抵抗，眼睁睁地看着大量白银不断外流。

林则徐目睹这一情况，极为愤慨。于是，他挺身而出，坚决查禁鸦片，并给自己的府衙又亲笔题写了一副对联："海纳百川，有容乃大；壁立千仞，无欲则刚。"这副对联形象生动，寓意深刻。上联告诫自己，要像大海那样有宽广的胸怀，善于听取和容纳各种不同意见；下联砥砺自己，坚决杜绝私欲，像千仞大山那样刚正不阿，挺立世间。

yàn què　nǎ　zhī hóng hú　zhì
燕雀^①那^②知鸿鹄^③志，

hǔ láng qǐ bèi　quǎn yáng qī
虎狼岂被^④犬羊欺^⑤。

注释

①燕雀：燕子和麻雀。
②那：即"哪"。
③鸿鹄：天鹅。
④岂被：怎么能被。岂，表反问。
⑤欺：欺侮。

解析

　　燕子和麻雀这些目光短浅的鸟雀哪里会了解天鹅的远大志向？老虎和野狼又怎么可能被狗和羊这种弱小的动物欺侮呢？这句贤语告诉我们：你若有自己的远大理想，就不要在意别人的讥讽和嘲弄，那是因为他们见识平庸，难以理解目光远大、胸怀大志的人的理想；你若使自己变得强大，就不用害怕被那些弱小者所欺侮。

导读故事

　　被誉为发明之父的爱迪生，小时候只上了几个月的学，就被老师断言为"愚蠢糊涂的低能儿"而退学了。爱迪生为此十分伤心，他痛哭流涕地回到家中，要妈妈教他读书，并语出惊人地说"长大了一定要在世界上做一番事业"。这句话出自当时被认为是愚钝儿的爱迪生之口，未免显得荒唐可笑。但是，正是爱迪生自小就确立了这样一个远大的志向，才促使他发愤努力，越过前进道路上的沟沟坎坎，发明了电灯、留声机、电影摄影机等1000多种科技产品，为人类文明的发展做出了巨大的贡献，成为举世闻名的发明家，被誉为"发明大王"，真正实现了他"长大了一定要在世界上做一番事业"的宏愿。

gēn shēn bù pà fēng yáo dòng
根深不怕风摇动，

shù zhèng hé   chóu yuè yǐng xié
树正何①愁月影斜。

注释

①何：疑问代词，表反问。

解析

树根扎得深就不怕大风摇动，树干长得直就不怕月影倾斜。这句贤语告诉我们：参天大树不是成长于一夜之间的，种子萌芽，植根于泥土，要根深蒂固方能经受风雨的洗礼而屹立不倒。学习也是如此，知识只有积累到一定程度，有了牢固的根基，才能经得起考验。做人就要行得正、坐得直，拥有良好的品性。

导读故事

南北朝时期的袁聿修，担任尚书郎10年之久，为官清正廉洁，连别人的一瓶酒也没有收过，被人们称为"清郎"。

大宁初年，袁聿修以太常少卿的身份巡视各地，并且考核地方官吏的业绩。他到山东兖州巡视时，他的好朋友邢邵正好在那里任刺史。故人相见，格外高兴。临别时，邢邵送给他几尺白绸作为纪念，但是被袁聿修委婉拒绝了。

事后，袁聿修给邢邵写信说："今天我路过此地，非比平常。这次我是奉命出来巡视民情、考察官吏的。你虽然是我的好朋友，但礼物是万万不能收的。这就像一个人路过瓜田和李树下一样，倘若在瓜田提鞋，在李树下整冠，就有偷瓜摘李的嫌疑了，希望你能理解。"邢邵接到信后，很高兴并且也很理解，立即写了回信说："我年纪大了，糊涂了，难免考虑不周。读了你的信之后，我全然明白了。然而，过去你只是一位'清郎'，现在已成为一位'清卿'了，我真为有你这样的朋友而高兴啊！"

táng láng   bǔ chán   qǐ zhī huáng què   zài hòu

螳螂①捕蝉，岂知黄雀②在后。

注释

①螳螂：一种昆虫，捕食害虫，也叫刀螂。
②黄雀：又名黄鸟、金雀、芦花黄雀，一种有褐色条纹的黄色小鸟。

解析

螳螂全神贯注，正要捉蝉，全然不知黄雀就在它的身后，正要吃它。这句贤语的意思是：有些人目光短浅，只想到算计别人，却没想到还有人在算计他；只看见前面有利可图，却不知祸害就在后面。

中华国学经典必读书系

导读故事

春秋时期，吴国国王准备攻打荆地(楚国)，遭到大臣的反对。吴王很恼火，在召见群臣的朝会上警告道："有谁再胆敢阻止我出兵，我就将他处死！"

此话一出，大臣们都着急了：再劝说下去，就有杀头的危险；不阻止的话，国家又要遭殃。正在大家为难之时，王宫中一个青年侍卫官想出一个好办法。每天早晨，他拿着弹

弓、弹丸在王宫后花园转来转去，露水湿透了他的衣鞋，接连三天都是如此，终于引起了吴王的注意。

吴王很奇怪，问道："你这是在干什么？"

侍卫道："园中的大树上有一只蝉，它一面唱歌，一面吸食露水，却不知有一只螳螂正在向它逼近；螳螂只顾捕蝉，但不知旁边又来了一只黄雀；而当黄雀正准备啄食螳螂时，它又怎知我的弹丸已对准了它呢？它们三个都只顾眼前利益而看不到后面的灾祸呀！"

吴王一听，恍然大悟，自愧自悔只看到小利而忽略了大祸，随后取消了这次军事行动。

既坠^①釜^②甑^③，反顾何益？
反覆^④之水，收之实^⑤难。

注释

①坠：摔落。
②釜：古代炊具，底部有许多小孔，放在鬲〔lì〕上蒸食物。
③甑：古代的炊事用具，相当于现在的锅。
④反覆：翻过来，这里指泼掉，倒掉。
⑤实：确实，实在。

解析

炊具若已经摔坏了，再回头来看又有什么用呢？已经泼出去的水，想要收回来，实在是难上加难。这两句贤语告诉我们：面对已经发生、不可逆转的事情，后悔是没有用的，只有积极地去面对，并在以后的生活中吸取教训才是明智的。

导读故事

西汉时有个叫朱买臣的人，从小就失去了父母，生活贫困，但喜欢读书。为了兼顾读书，他选择以砍柴为生。他通常挣够了自己的伙食费后，就不再砍柴了，把空出来的时间全用来读书。

成年后，在乡邻的帮助下，朱买臣结了婚。然而他的妻子却是一个只图享受，不爱劳动的人。她总是劝说朱买臣放弃读书，去找一份可以挣到更多钱的差事。朱买臣当然不愿意。

他的妻子刚开始只是劝说、抱怨，后来就三天两头骂他没出息，最后终于提出离开的要求。朱买臣几番劝解都没有用，只好与之分手了。

朱买臣继续过着结婚前的日子，一个人一边砍柴谋生，一边刻苦读书，还写了不少文章。他的文章越写越好，渐渐

被人传抄，传到社会上，引起了当时文坛的关注。

汉武帝时，由于朱买臣的品德和文学才能都很优异，名重一时，被人举荐到朝廷为官，之后便步步高升，最后做到了朝廷的主爵都尉、丞相长史。

朱买臣的前妻听说了他的事，懊悔不已，在朱买臣衣锦还乡的时候，来到他的马前，哭求复婚。朱买臣叫人端来一盆水，亲自泼在地上，对前妻说："如果你能把我刚刚泼掉的水收回来，我就跟你复婚。"这就是流传甚广的"马前泼水"的故事，成语"覆水难收"也是从这个故事中来的。

měi jiǔ yǐn dāng wēi　　zuì hòu
美 酒 饮 当 微①醉 候 ，

hǎo huā kàn dào bàn kāi　 shí
好 花 看 到 半 开②时 。

jiǔ suī yǎng xìng　　hái luàn xìng
酒 虽 养 性③还 乱 性④，

shuǐ néng zài zhōu　 yì fù zhōu
水 能 载 舟⑤亦 覆 舟 。

注释

①微：稍微。
②半开：将开未开。
③养性：调养身体。
④乱性：伤害身体。

⑤**载舟**：承载舟船。

喝酒喝到微醉的时候最好，花开到半开的时候最美。喝酒可以祛寒除湿，调养身体，但饮酒过量却会伤害身体。水可以承载舟船，但狂风大作时亦能颠覆舟船。这两句贤语的意思是：任何事情，如果做得恰到好处，就能带给我们益处；但如果毫无节制，则物极必反，会带给我们伤害。所以做任何事情都应该有个度，把握好分寸才会有最好的结果。

颛孙师和卜商是子贡平时最敬重的两个人。有时候，子贡自己也分不出哪个更令自己敬佩一些。

有一天，子贡向老师孔子求教，他问："老师，你认为颛孙师和卜商哪个更好些呢？"

孔子说："颛孙师做事总喜欢做过头，而卜商做事却常常达不到本来的要求。"

子贡说："照您这么说，是颛孙师好些了？"

孔子说："不是，做过头和达不到是一样的。做事恰到好处，才是最好的。"

qiū chóng chūn niǎo　　gòng chàng　tiān　jī
秋 虫 春 鸟， 共 畅①**天 机**②**，**

hé bì làng shēng bēi xǐ
何 必 浪 生 悲 喜③；

lǎo shù xīn huā   tóng hán shēng yì
老 树 新 花 ， 同 含④生 意 ，

hú wèi wàng bié yán chī
胡 为 妄 别 妍 媸⑤。

注释

①畅：顺应。
②天机：大自然新陈代谢的法则。
③浪生悲喜：乱生悲和喜。
④含：流露。
⑤妄别妍媸：胡乱区分美与丑。

解析

秋天里快死的虫子和春天里欢唱的小鸟，是遵循大自然新陈代谢的法则死亡和生存的，又何必去为这些极自然的事而悲伤或欢乐呢？老迈的树和盛开的花，同样流露出大自然的勃勃生机，又何必指手画脚，去议论它们谁美谁丑呢？面对自然万物的生与死、盛与衰，我们人类总爱伤春悲秋，情绪为之牵动。殊不知，这些都是万物遵循新陈代谢规律的自然现象，若没有这些变化，则不会有大自然的绚丽多姿，所以我们应以一颗坦然之心来看待自然界的一切变化。对于世事也是如此，万事顺其自然，一定会品尝出更多的快乐。

导读故事

禅院的草地上一片枯黄，小和尚看在眼里，对师父说："师父，快撒点草籽吧！这草地太难看了。"

师父说："不着急，什么时候有空了，我去买一些草籽。什么时候都能撒，急什么呢？随时！"

中秋的时候，师父把草籽买回来，交给小和尚，对他说："去吧，把草籽撒在地上。"起风了，小和尚一边撒，草籽一边飘。

"不好，许多草籽都被吹走了！"

师父说："没关系，吹走的多半是空的，撒下去也发不了芽，担什么心呢？随性！"

草籽撒上了，许多麻雀飞来，在地上专挑饱满的草籽吃。小和尚看见了，惊慌地说："不好，草籽都被小鸟吃了！这下完了，明年这片地就没有小草了。"

师父说："没关系，草籽多，小鸟是吃不完的，你就放心吧，明年这里一定会有小草的！随遇！"

夜里下起了大雨，小和尚一直不能入睡，他心里暗暗担心草籽被雨水冲走。第二天早上，他早早跑出了禅房，果然，地上的草籽都不见了。于是他马上跑进师父的禅房问道："师父，昨晚一场大雨把地上的草籽都冲走了，怎么办呀？"

师父不慌不忙地说："不用着急，草籽被冲到哪里就在

哪里发芽。随缘！"

不久，许多青翠的草苗果然破土而出，原来没有撒到草籽的一些角落里居然也长出了许多青翠的小苗。

小和尚高兴地对师父说："师父，太好了，我种的草长出来了！"

师父点点头说："随喜！"

yǒu yì zāi huā huā bù fā
有意①栽花花不发②，

wú xīn chā liǔ liǔ chéng yīn
无心③插柳柳成荫④。

liú shuǐ xià tān fēi yǒu yì
流水下⑤滩非有意，

bái yún chū xiù běn wú xīn
白云出岫⑥本无心。

注释

①**有意**：有意识的。
②**发**：开花。
③**无心**：不经意的。
④**荫**：绿荫。
⑤**下**：向下流。
⑥**岫**：山洞。

解析

用心栽种培育的花儿常常并不开放，而随手插种的柳树却能够长成绿荫。流水从滩头泻下来并不是有心之举，白云从山洞里飘然而出也不是由自己决定的。"花不发""柳成荫""流水下滩""白云出岫"，这些都是自然事物顺其自然的结果，它们不以自己的主观意志来违背客观规律，所以呈现出种种变化。人也应该这样，凡事不必强求，只要努力过、付出过，用一颗平常心来对待结果，这样的人生一定是快乐的。

导读故事

有个小和尚，每天早上负责清扫寺院里的落叶。

清晨起床扫落叶实在是一件苦差事，尤其是在秋冬之际，每次起风时，树叶总随风飞舞，每天早上小和尚都需要花费很多时间才能清扫完树叶，这让他头痛不已。他一直想要找个好办法让自己轻松些。

后来有个和尚开玩笑地跟他说："你在明天打扫之前先用力摇树，把落叶统统摇下来，后天就可以不用扫落叶了。"小和尚觉得这是个好办法，于是第二天他起了个大早，使劲地摇树，然后再扫树叶。

他心想："今天一次就把今天跟明天的落叶全扫干净了。"小和尚一整天都非常开心。

第二天早上，小和尚满心欢喜地到院子里一看，不禁傻眼了——院子里如往日一样满地落叶。

这时老和尚走了过来，对小和尚说："傻孩子，无论你今天怎么用力摇，明天落叶还是会落下来的。"

小和尚终于明白了，树叶凋零是顺应自然规律的变化，不受外力左右，人为地摇落树叶，

并不能改变什么，树叶该落的时候还是会落。所以，以一颗平常心去看待自然万物的变化才是明智的。

qiū zhì　mǎn shān duō xiù sè
秋至①满山多秀色，

chūn lái wú chù bù huā xiāng
春来无处不花香。

tiān shàng zhòng xīng jiē gǒng běi
天上众星皆②拱③北，

shì jiān wú shuǐ bù cháo dōng
世间无水不朝东。

注释

①至：到。
②皆：都。
③拱：环绕，拱卫。

解析

　　秋天到来时，自然满山都是一片秀丽之色；春天来临时，自然到处都洋溢着浓郁的花香。天上的群星都是归向北极星的，世上没有哪条江河不是朝东流的。自然有自然的规律，自然万物遵循着自己的规律运行。也只有遵循自然规律才能使世间万物并行不悖，所以只有尊重自然，才能与自然和谐相处。

导读故事

古时候，宋国有个农夫，种了稻苗后，便希望能早早有收成。每天他都到稻田里观望，发觉那些稻苗长得非常慢。他等得很不耐烦，心想："怎么样才能使稻苗长得高、长得快呢？"他想了又想，终于想出一个"最佳方法"，就是将稻苗拔高几分。经过一番辛劳后，他满意地扛着锄头回家了。回到家里，他自豪地对家人说："今天可把我累坏了，我帮我们家稻苗长高了一大截呢！"他儿子听后，赶忙跑到地里一看，稻苗全都枯死了。稻苗的生长，有它的自然规律，人为的助长，只会适得其反，造成严重的后果。

rén shēng yī shì　　rú jū guò xì
人 生 一 世 ， 如 驹 过 隙①。
guāng yīn sì jiàn　　rì yuè rú suō
光 阴 似 箭 ， 日 月 如 梭②。

注释

①**如驹过隙**：像骏马在缝隙前飞快越过，比喻时间过得很快。
②**梭**：织布时牵引纬线的工具，两头尖，中间粗，形状像枣核。

解析

人的一生非常短暂，就如同少壮的小白马在细小的缝隙

前一闪而过。光阴飞逝，就如同射出去的箭；日月轮回，就如同织布机上的梭子来来回回。

导读故事

　　我国现代伟大的文学家、思想家和革命家鲁迅先生对时间的珍视，是人所共知的。他曾对别人说过："节省时间，使一个人的有限的生命更加有效，也就等于延长了人的生命。"

　　鲁迅的一生，既是革命战斗的一生，也是勤奋工作的一生。从1907年到1935年的28年间，他创作小说集3本、散文诗1本、回忆散文1本、杂文集16本，共约170万字；辑录、校勘中国古代文学作品和中国古典文学的研究著作，共约80万字；翻译、介绍外国作家的作品约310多万字；还有许多未收进集子的文章，被陆续发现的约有60余万字。另外，在此期间，鲁迅先生还给青年学生写了不少回信，收集到的有1300多封，约90万字。如果将上述这些文字平均到这28年中，那么，鲁迅先生每年的写作量至少在25万字以上。鲁迅先生每年这样大的写作量的完成，是建立在对每分每秒的时光都不虚度的基础之上的。正如鲁迅先生自己所说的那样："我哪里是什么天才，我是把别人喝咖啡的时间都用在工作上了。"

gǔ　rén　　bù　jiàn　jīn　shí　yuè
古人①**不见今时**②**月，**

jīn yuè céng jīng zhào gǔ rén
今月曾经照古人。
yuè guò shí wǔ③ guāngmíng shǎo
月过十五③光明少，
rén dào zhōng nián wàn shì xiū④
人到中年万事休④。

注释

①古人：离当世较远时候的人。
②今时：现在。
③十五：农历每月的十五是月亮最圆的时候。
④休：完结，停止。

解析

　　古人见不到今天的月亮，然而今天的月亮却曾经映照过古人。月亮过了每月的阴历十五就一天比一天暗淡，人到了中年就什么事也办不成了。时间是一个独裁者，它能改变一切。时间的流逝伴随着万物生命的新陈代谢。新陈代谢是大自然的基本法则，谁也无法回避。青少年时代是最美好、最值得留恋的，也是学习、创业的最佳时机，抓住了这段光阴，你人生的伟业已成功了一半。人若珍惜自己，就要珍惜自己的青春，珍惜它的每一分、每一秒。所以，与其为生命的短暂而哀伤，还不如努力奋斗去使自己短暂的生命更有价值！

导读故事

　　西汉哲学家、文学家董仲舒是为学勤奋、惜时如金的典

范。据传董仲舒从小学习就十分刻苦专心，从不懈怠，而且这种精神一直保持到老年。《汉书·董仲舒传》言其为研究经学，"盖三年不窥园，其精如此"。三年都不曾看自家的菜园，其刻苦攻读的程度可想而知。桓谭的《新论本造》甚至说："董仲舒专精于述古，年至六十余，不窥园井菜。"他全力投入经学研究，不给自己留下片刻闲散的时间。他一连数年足不出户，以至于他的一些后入师门的弟子只能向先来的师兄请教学问，好些弟子学业有成，竟久未见过老师的面。正是凭着这种不肯浪费一分一秒的精神，董仲舒学贯百家，通古穷经，被时人称为"汉代孔子"，成了一位杰出的经学家。

yīng huā yóu pà chūn guāng lǎo
莺花①犹怕春光老，

qǐ kě jiào rén wǎng dù chūn
岂②可教人枉度春③。

kū mù féng chūn yóu zài fā
枯木逢春犹再发，

rén wú liǎng dù zài shào nián
人无两度再④少年。

注释

①莺花：莺啼花开。
②岂：怎么。
③枉度春：虚度年华。

④**再**：第二次。

增广贤文

解析

　　黄莺和鲜花都唯恐春天消逝，怎能让人们虚度青春呢？时光催人老，花鸟尚且担心春光易逝，人生短促，怎能不格外珍惜？枯萎的树木到了春天还会再发绿叶，人却不会有两次少年时期。大好春光不可辜负，宝贵光阴莫要虚度。再美丽的花也会凋谢，再迷人的佳人也会老去，时间是一把无情的刻刀，会给所有人的脸刻上岁月的痕迹。时间流逝是必然的，只有珍惜每一分每一秒，才能赶上时间的脚步；若等到青春不再，后悔也晚了。

导读故事

　　德国 18 世纪杰出的哲学家康德，是一个善于运用时间、科学利用时间的人。他的生活习惯比太阳的升落还要有规律。起床、穿衣、喝咖啡、写稿、讲演、吃饭、散步都有固定的时间。正如替康德写传记的人所说："康德的生活是最规矩不过的规则动词。"德国哥尼斯堡的居民都

有一个毫无差错的时钟，帮助他们校对时间，那就是住在这个地方的大思想家康德。因为康德每天恰好在下午三点半出门散步，分秒不差，连续30年准确无误，恒定不变。

每天，当康德迈着匀称的步伐走向菩提树大道的时候，他的手杖也轻轻地敲打着地面，合拍应节，丝毫不乱。"你看，哲学家又出巡了！"哥尼斯堡的人都用惊异的目光看他旁若无人地穿街过巷，感叹他几十年如一日地守时笃一、宁静致远，以及严格的作息制度。康德靠着自己的毅力，养成规律用时的良好习惯，终生受益，成为西方哲学史上继希腊的柏拉图及亚里士多德之后的又一位集大成的人物。

shū zhōng zì yǒu qiān zhōng sù
书中自有千钟粟①，

shū zhōng zì yǒu yán rú yù
书中自有颜如玉②。

shí nián hán chuāng wú rén wèn
十年寒窗③无人问，

yī jǔ chéng míng tiān xià zhī
一举成名④天下知。

注释

①**千钟粟**：钟是古代的一种容器，千钟粟是指有无尽的粮食，不愁吃。

②**颜如玉**：指美丽的女子，意为可以娶到美妻。

③**寒窗**：指冬日寒冷的窗前，比喻艰苦的学习环境。

④**一举成名**：原指一旦中了科举就扬名天下，后指一下子就出了名。

解析

书中当然不可能真的藏着无尽的粮食，也不可能走出貌美的女子。但对于古人来说，多读书，考上了功名，自然就不愁吃穿，生活无忧。而对于现在的我们来说，好好读书，将来才能有所成就，保证自己衣食无忧。但是这个过程是辛苦而漫长的，只有忍受多年的寒窗苦读，才可能有将来的"一举成名"。

导读故事

"映雪"这个典故也叫"照雪"或"积雪"，讲的是孙康苦学的故事，后人也用来形容人们勤奋学习的精神。这个典故和"囊萤照读"并称为"囊萤映雪"。

孙康和车胤是同时代的人，都生活在晋朝。孙康小时候也因家贫，没有上学读书的机会。但他勤奋好学，尽管白天干好多活，回到家里已是筋疲力尽，但他每天都要挤出时间读书，一拿起书就忘了疲劳和饥寒。

因为家里穷，孙康读书不敢用太多灯油，只好每天晚上给自己限定灯油的用量。为此，孙康常常在意犹未尽时不得不熄灭油灯。

有一次，天降大雪，晚上的时候雪停了，月光一照，一

片银光，到处亮堂堂的。孙康跑出屋，发现在积雪的映照下，书本上的字可以看得非常清楚，他喜不自禁，顾不得衣衫单薄，蹲在雪地里入神地读起书来，把周围的一切都忘了。

从此以后，每逢下雪天，孙康晚上都要到雪地里借着积雪的亮光读书直到深夜。正是靠着这种刻苦勤奋的学习精神，孙康成为很有学问的人。

dào yuàn yíng xiān kè   shū táng yǐn xiàng rú
道院①迎仙客②，书堂③隐④相儒。
tíng zāi qī fèng zhú   chí yǎng huà lóng yú
庭栽栖凤竹⑤，池养化龙鱼⑥。

注释

①道院：道士的居所。
②仙客：修炼成仙的人。
③书堂：书院，古代的学校。
④隐：潜藏。
⑤栖凤竹：竹的美称。相传凤凰以竹实为食物。
⑥化龙鱼：鲤鱼的美称。相传鲤鱼跃过龙门就变为龙。

解析

道士的居所里，常常恭迎得道成仙的客人，私塾里或许潜藏未来的将相、儒士。庭院里栽种的竹子或许有一天

会停留一只凤凰，池塘里养育的鱼或许某天会变成蛟龙。这两句贤语告诉我们：出身、生活环境都是外在的因素，若能坚持不懈地努力，无论出身、环境优劣，将来都能成为有用的人。所以，不能因为出身或环境不好，就放弃了自己的理想。

导读故事

苏联著名作家高尔基，很多人对他的《童年》《在人间》《我的大学》自传体三部曲很熟悉。他曾说过："我常常重复这一句话：一个人追求的目标越高，他的才力发展得越快，对社会就越有益。我确信这是一个真理。这个真理是我全部的生活经验……"高尔基的一生正是验证了自己的这段名言。

高尔基出生于一个木工家庭，4 岁丧父，只念过两年书，10 岁开始走向"人间"。他当过学徒、饭馆跑堂、搬运工人、守夜人、面包师等。长期的流浪生活，使高尔基饱尝了底层人民的痛苦生活。这对于他后来的文学创作有着十分重要的意义。1901 年，高尔基写出了著名的散文诗《海燕》，这是一篇战斗檄文，是无产阶级的革命颂歌，高尔基怀着满腔革命激情，以高亢激越的革命浪漫主义格调，塑造了象征大智大勇革命者的海燕的形象，预告革命风暴即将来临，鼓舞人们去迎接新的战斗。后来，高尔基又创作了许多

重要的政治剧本、小说等。

高尔基的著作在世界上产生了极大的影响，是全世界无产阶级的共同财富。高尔基在极其恶劣的环境中，仍然向着作家的目标奋进，并且获得巨大的成功，就在于他有一个远大的志向。为了实现自己的志向，高尔基读书时就"像饥饿的人扑在面包上"。他用全部身心去感受生活，才使得自己的才力得到发展，目标得以实现。可以这样说，倘若高尔基没有远大的志向，就有可能被社会埋没，正是远大志向促使高尔基战胜厄运、走向成功。

hāo cǎo　　zhī xià　　　huò yǒu lán xiāng

蒿草①之下，或有兰香；

máo cí zhī wū　　　huò yǒu hóu wáng

茅茨之屋②，或有侯王③。

注释

①蒿草：杂草。
②茅茨之屋：用茅草所盖的屋。
③侯王：泛指达官贵人。

解析

蒿草下边长着的可能是不久就会散发清香的兰草，茅屋贫舍里住着的也可能是未来的将才。这两句贤语告诉我们：

出身贫寒，处境恶劣，并不意味着就没有成功的可能。所以，无论出身如何，处境好坏，都不应该放弃自己的梦想，而应该坚持不懈，为理想而努力奋斗，终有一天会让人刮目相看。

导读故事

　　一部《红楼梦》，使曹雪芹家喻户晓，以至于研究这部书及他这个人都成为一门了不起的学问。可谁能想到这位作家是一位住在北京香山附近，默默无闻的穷文人呢？

　　曹雪芹出生于清朝一个显赫的贵族家庭，因封建统治阶级内部的政治斗争受牵连，被抄家，从此家道日渐没落。待

到曹雪芹开始创作《红楼梦》时，生活已经十分贫困了，他住的是四面透风的茅草屋，睡的是草绳床，吃饭用的锅灶是用破砖头胡乱垒起来的，盖的是一条有破洞的旧毡子。每逢风雪交加的夜晚，屋内寒气逼人，全家人不得不围着破毡子一起坐到天亮。

在贫困生活的重压下，曹雪芹依然没有放弃自己的志向。他坚持不懈地写作，没有钱买纸，就向亲友借，甚至去陌生人家要一些旧年的皇历或其他旧书废纸，装订成册，在反面的空白处写东西。他时刻不忘写作，即使是走在路上，看到一处好的风景，听到别人说了一句什么用得上的话，或有了新的灵感，好的词句、构思，都会用随身携带的家什——铜笔帽里藏着的几点墨，在纸上记下来。

曹雪芹就是在这样穷困潦倒的生活环境中，痴痴迷迷、默默无闻地在山脚下整整写了 10 年。除了一些小的增删外，全书大的修改就有 5 次之多。

曹雪芹在那样贫穷的条件下，依然"咬定青山不放松"，坚持实现自己的志向，"披阅十载，增删五次"，真可谓字字皆是血，篇篇都是泪。曹雪芹之所以没有被贫困清苦的生活所压倒，就在于他"穷且益坚，不坠青云之志"。这也是曹雪芹获得事业成功最重要的因素之一。事实证明，贫穷是会扼杀人才的，只有具备远大志向的人，才能不被困难压倒，在困境中依然坚持奋斗，最终成为众人敬仰的人才。

bù yǐ wǒ wéi dé

不以我为德^①，

fǎn yǐ wǒ wéi chóu

反^②以我为仇^③；

dàn jiāng lěng yǎn guān páng xiè

但^④将^⑤冷眼观螃蟹，

kàn nǐ héng xíng dào jǐ shí

看你横行到几时^⑥。

注释

①**为德**：对他的恩德。

②**反**：反而。

③**仇**：仇恨的对象。

④**但**：只，只管。

⑤**将**：用。

⑥**几时**：什么时候。

解析

那些小人，面对我的帮助，不但不感谢我，说我好，反而骂我，把我当作仇恨的对象。对于小人，我只管冷眼看着，看他能横行到什么时候。这句贤语的意思是：心胸狭窄的人，常常不能正确对待别人的一番好意，对别人提出的批评和帮助，他会当作是对他的攻击，不仅不会心存感激，还可能会伺机报复。这种人最好离他远点，免得自己受到他的伤害。那些依仗着某种势力或者背景为非作歹、横行霸道的坏人，如果你的力量不足以与他相对抗，那么就暂时忍耐着，站在

一边看吧，多行不义必自毙，他迟早会受到应得的惩罚。

导读故事

　　春秋时期，郑武公的妻子武姜生了两个儿子，一个就是后来的郑庄公，一个是共叔段。

　　由于郑庄公是倒着出生的，武姜受到了惊吓，所以武姜很不喜欢他。相反，武姜对共叔段却十分疼爱，并多次向郑武公请求将共叔段立为太子。郑武公却始终没有答应。

　　后来，郑庄公即位，成为一国之君。在武姜的请求下，郑庄公把京邑这个地方赐给共叔段，让他在那儿居住。不想共叔段却在京邑做出了违反制度的事情。

　　根据当时的制度，大城市的规模不得超过国都的三分之一，中等城市不得超过国都的五分之一，小城市不得超过国都的九分之一，京邑的规模明显不符合规定。

　　许多大臣纷纷要求对共叔段采取行动，郑庄公却并不慌张，沉稳地对大臣们说道："坏事做多了必然会栽跟头，大家等着瞧吧。"

　　果然，共叔段肆无忌惮，愈加骄横。他先把西部和北部两个边境地区划入自己的封地，随后又修葺城墙，屯聚粮食，修整皮甲武器，训练军队，准备攻打郑庄公。

　　郑庄公得到消息后，认为时机成熟了，便先发制人，派出军队讨伐共叔段。

就在此刻，共叔段的军队临阵倒戈，被郑庄公一举击溃。众叛亲离的共叔段只落得个仓皇逃窜的下场。

qián cái rú   fèn tǔ   rén yì zhí   qiān jīn
钱 财 如① 粪 土 ， 仁 义 值② 千 金 。

注释

①**如**：好像，就像。
②**值**：值得，价值。

解析

　　钱财就像粪土一样，没有什么重要的，仁义和道德才是价值千金的宝贝。这句贤语虽然对钱财的评价可能略显偏激，但是却教导我们要重视仁义道德，当仁义和钱财这两者不能兼顾时，正确的选择应该是舍弃钱财，保留仁义，切不可因为贪财而丢弃仁义道德，这样是极不应该的。

导读故事

　　范仲淹是北宋名臣，他年轻时非常贫寒，曾经与一位术士非常要好。后来，术士病重，找来范仲淹对他说："我擅长把水银炼成白金。但我的孩子太小，我现在不能把方法传授给他，但若被我带入坟墓又太可惜，还是把写着炼制方法的

竹简交付给你吧。"他随即把写着炼制方法的竹简和已经炼成并封存起来的一斤白金,放入了范仲淹的怀中。范仲淹正要推辞避让,术士已经撒手西去了。

十几年过去了,范仲淹已经做了谏官,那位术士的孩子也已经长大了。有一天,范仲淹把那孩子找来,告诉他:"你的父亲有玄术,他死的时候,你还年幼,所以交给了我,现在你已经长大了,应该归还给你了。"于是他便把炼制方法和封存的白金还给了术士的孩子,而白金上的封条从来没有被动过。

范仲淹重信守义,清廉不贪,后来终于成为"先天下之忧而忧,后天下之乐而乐"的名臣,这种轻利重义的精神成为后人学习的典范。

论理篇

本篇中的许多思想观念都直接或间接地来自儒、释、道各家经典，饱含人生智慧。

当时若^①不登高望，

谁信东流^②海洋深。

长江后浪^③催^④前浪，

世上新人赶旧人。

注释

①**若**：假若。

②**东流**：向东流去的江河。

③**后浪**：后面的又一股浪潮。

④**催**：推动。

解析

那时若不是登楼远眺，也不会相信广阔浩渺的海洋是由滔滔东流的江水汇聚而成。长江水总是后浪推着前浪，世上的新人总是层出不穷，赶超着旧人。我们不能有了一点小小的成就就沾沾自喜，这就像登楼远眺，每上一层，你就会发现视野更开阔一些，需要你去认识和探索的东西也会更多。所以无论工作还是学习，我们都应该谦虚谨慎，不自满。时代总是在不断的变迁中向前推进，所以我们只有永不停歇地学习，不知疲倦地努力奋斗，才不会被时代淘汰。

导读故事

古时候，有个画家叫跋异。他在刚有点名气时，听到别人夸他的画画得好，便非常得意，觉得自己就是天下第一，谁也比不上他。从此，他每天拿着自己的画到处炫耀，不再勤奋努力了。一天，跋异在寺庙里画壁画，忽然从门外进来一个衣着朴素、相貌平常的老人。

老人说："我早就听过你的大名，今能见到你作画，真是荣幸。如果不嫌弃，我愿为你研墨调色。"跋异听了以后，轻蔑地说："你口气倒不小，敢替我研墨调色。你会画画吗？"老人也不答话，很快画了一幅水平很高的画，超过了跋异。跋异一问才知道，老人就是有名的大画家张图。张图给跋异讲了许多道理，跋异听了以后，从此虚心好学，刻苦练习。几年之后，他的画画得更好了。

jìn shuǐ zhī yú xìng　　jìn shān shí niǎo yīn
近①水知鱼性②，近山识③鸟音。

lù yáo zhī mǎ lì　　rì jiǔ jiàn rén xīn
路遥知马力，日久见人心。

注释

①**近**：靠近，接近。
②**鱼性**：鱼的生活习性。
③**识**：识别。

解析

　　捕鱼的人一般都比较熟悉鱼的生活习性，深居山中的人大多能识别各种鸟的叫声。远程奔驰才能知道马的优劣，相处久了才能了解一个人的真心。这两句贤语告诉我们：要想了解一种事物，就一定要多接触它，这样才能真正了解它的本性。我们求知不能浅尝辄止，而应该深入探究，了解事物的本质。

导读故事

　　在我国古代农业科学史籍中，现存最早、最完整、最全面的农业科学著作要算《齐民要术》了。尽管它是 1400 多年前问世的，但至今仍然闪烁着科学的光辉。这部著作的作者是北魏时期杰出的农业科学家贾思勰。贾思勰为编著这部农书，不眠不休，呕心沥血，苦战了 10 多个春秋。

在编写《齐民要术》的过程中，贾思勰始终恪守一个原则，那就是对前辈总结的每条经验和每个结论都不拘泥、不迷信，都要问一个为什么，细细钻研一番，看它是否真有道理。哪怕是一个微不足道的问题，他也要追根溯源，一探究竟，确保自己写出来的东西准确无误。

贾思勰对西汉农学家氾胜之的农学专著《氾胜之书》十分推崇，在《齐民要术》里竟摘引了 3700 多字。《氾胜之书》的原著早已散失，我们现在看到的就是从《齐民要术》中辑录出来的。但贾思勰对氾胜之并不盲目崇拜，对他的著作字斟句酌，凡有疑惑的地方都要弄得清清楚楚。贾思勰就是靠着这种一丝不苟的精神，完成了《齐民要术》这部农书。

yī cùn guāng yīn yī cùn jīn
一寸光阴一寸金，

cùn jīn nán mǎi cùn guāng yīn
寸金难买寸光阴。

hēi fà bù zhī qín xué zǎo
黑发①不知勤学早，

zhuǎn yǎn biàn shì bái tóu wēng
转眼便是白头翁②。

注释

①黑发：指年轻人。

②白头翁：指老年人。

解析

一寸光阴就像一寸黄金那样珍贵，然而一寸黄金却无法买回自己流逝的一寸光阴。年轻时不知勤奋学习，转眼间就成了白头翁。所以，年轻的时候趁着时间充裕应该多学点东西，以免等到满头白发的时候，懊悔自己年轻时浪费了大好的光阴。

导读故事

战国时期，有一个人名叫苏秦，是当时鼎鼎有名的纵横家。但他年轻时，却因为才疏学浅，屡遭打击。诸侯君王瞧不起他，家人也觉得他是个没用的人，这对他刺激很大。自尊心极强的苏秦下定决心一定要发奋读书，日后出人头地。为了争取更多的时间读书，他常常挑灯夜读。夜深人静的时候，人特别容易感到困倦，苏秦可不想让打盹儿将这宝贵的时间给耽搁了。于是，他想出了一个避免打盹儿的方法——他找来一把锥子，看书的时候就把锥子放在手边。只要一打瞌睡，他就拿锥子狠狠地往自己大腿上刺一下。这样，剧烈的疼痛会令他立刻清醒过来，而且很长时间都不会再打盹儿。苏秦就靠这个方法，夜以继日地读书学习，终于成为学富五车的人。这就是苏秦"锥刺股"的故事。

东汉时期，有一位名叫孙敬的著名政治家，他和苏秦一样，为了让自己在晚上能专心读书，也想了不少办法。他把自己的头发绑在绳子上，然后系到房梁上，这样，只要他一打瞌睡，头一低，头发就会被绳子扯住。拉扯头发很疼，孙敬被这样一拉扯，一下子就清醒了，就又能专心看书了。这就是孙敬"头悬梁"的故事。

yī nián zhī jì　　zài yú chūn
一 年 之 计① 在 于 春 ，

yī rì zhī jì zài yú yín
一 日 之 计 在 于 寅② 。

yī jiā zhī jì zài yú hé
一 家 之 计 在 于 和③ ，

yī shēng zhī jì zài yú qín
一 生④ 之 计 在 于 勤 。

注释

①**计**：最重要的。
②**寅**：寅时，古代十二时辰之一，即早晨三时至五时。
③**和**：和睦相处。
④**一生**：人的一生。

解析

在一年之中，最重要的时间莫过于春天，因为春天是一

年的开始，要好好利用；在一天之中，最重要的时间莫过于早晨，因为早晨是一天的开始，要好好利用；一个家庭最重要的是和睦相处，因为家和万事兴；而我们每个人一生的成功与否，最重要的是取决于是否勤奋、努力向上。

导读故事

我国现代著名画家齐白石先生，一生勤勉，从不肯虚掷每一个"今天"。他为自己规定的工作准则是：今天的事，今天一定要完成。他习惯于每天"黎明即起"，从早晨到晚上，不是静坐构思，就是伏案挥毫，从不间断。

他曾有诗句自谓："未能老懒与人齐，晨起挥毫到日西。"齐白石一生中，只有在几次大病和遭遇不幸事故时，才停笔几天。平常日子，偶有停笔，事后总要补画。

在他85岁那年，有一天，时逢风雨，心绪不好，所以没能完成当天的画事。第二天，他一连画了四张条幅，到了中午开饭时还不肯停笔用餐。

画完后，他在画上题写道："昨日大风，心绪不安，不曾作画，今朝特此补之，不教一日闲过也。"

他的一生，都是在"不教一日闲过"中度过的。

齐白石一生画虾，不断追求艺术妙境，实现了三次飞跃，到晚年，才真正达到了炉火纯青的地步。这正是齐白石在一个"今天"接着一个"今天"不停歇的创作中练就的。

他曾在一张画鱼虾的作品上题有一首绝句："苦把流光换画禅，功夫深处渐天然。等闲我被鱼虾误，负却龙泉五百年。"正是靠着这种"下苦功，抓今天"的韧劲，齐白石终成一代宗师，取得了令世人瞩目的艺术成就。

dùn niǎo xiān fēi　　dà qì wǎn chéng
钝鸟①先飞，大器②晚成。

注释

①钝鸟：笨鸟。
②器：指才干。

解析

笨鸟先飞，就能飞在前面，这是努力的结果；能担当大任的人要经过长期的磨炼，所以成功也比较晚。天分虽然很重要，但真正决定一个人是否能成功的因素不是先天的天分，而是后天的努力。只要勤奋努力学习，就能取得成功。

导读故事

爱因斯坦是美国理论物理学家、相对论的创始人和现代物理学的奠基人，1921年获得诺贝尔物理学奖。

据说，爱因斯坦童年时代脑子是很迟钝的，直到 3 岁才学会讲话，父母都认为"这孩子智力发展太慢"。上小学后，爱因斯坦的学习成绩很差，老师的评语是"脑筋迟钝，不善交际，毫无长处"。学校的训导主任曾向他父亲断言："你的儿子将一事无成。" 10 岁时，他勉强考上了中学，可是入学后，他的成绩还是很糟糕。16 岁时他投考苏黎世大学，因成绩差未被录取，好心的校长用达尔文因智力平庸曾被大学赶出来的例子，鼓励他不要灰心，再次报考。热情的鼓励使爱因斯坦有了奋发向上的力量，后来终于跨进了大学之门。

学校的课程不能满足爱因斯坦对自然界的好奇心，他开始勤奋地阅读大量书籍。毕业后，他仍坚持不懈地读书，钻研自己感兴趣的问题。

1905 年，26 岁的爱因斯坦完成了《论运动物体的电动力学》，创立了"狭义相对论"。但这一理论的提出并没有受到科学界的重视，响应的人寥寥无几，大多数人对此表示怀疑和反对。但是爱因斯坦没有因

此而灰心，他继续迈动前进的步伐。

1916 年，爱因斯坦发表了总结性论著《广义相对论原理》。相对论的创立，是人类对于自然界认识过程的一次飞跃，使自然科学有力地证实和丰富了辩证唯物主义。今天，相对论已经成为宇宙航行和天文学等学科的理论基础，在理论科学和应用科学等领域有广泛的应用。

爱因斯坦一生中，在自然科学方面的成就是多方面的，除了创立相对论外，对光电理论、热力学、统计物理学、磁的回转效应等都有重大的贡献。爱因斯坦的成长道路告诉我们：人的智能差异虽有先天的因素，但起决定作用的却是后天的发掘和培养。

rén è rén pà tiān bù pà
人恶人怕天不怕，
rén shàn rén qī tiān bù qī
人善人欺①天不欺。

注释

①欺：欺负，欺侮。

解析

恶人行恶，虽然会招致周围人的讨厌和害怕，却吓不倒

高高在上的天；我们总说人善被人欺，但老天是公平的，善良的人终归会得到老天的垂青。

导读故事

明朝崇祯年间，常熟进士蒋畹仙暂时住在昆山的同学周明远家。这一年大饥荒，夫妻父子都不能相顾。当时有一个姓郭的人，他急需一笔钱，于是想卖掉自己的妻子。但他看到妻子手中抱着的孩子时却迟疑不决了，踌躇了半天后，他最终还是狠下心，说："大难临头，只能各自逃生了！"于是，他把孩子抛弃在大路旁，领着妻子向买主家走去。

蒋畹仙恰好路过，看到这个情景，恻隐之心油然而起，叫住郭氏，说："怎么能因为钱的缘故，一下子就卖妻弃子呢！"他问郭氏需要多少钱，郭氏回答："一万五千文。"蒋畹仙立即拿出袋子里所有的钱，数了数，只有一万文，便又向周明远借钱，以凑足数目。周明远也是心地善良的人，说："世间的善事要大家一起做，你不以自己独自做君子而感到羞耻吗？"说完，他拿出五千文。这样姓郭的人就不用卖妻子了，儿子也保全了。

后来姓郭的人有了一些家业，就带着儿子去拜谢蒋畹仙，蒋畹仙却不准他们上前，并且不愿意再提起这件事。

人们说"为善最乐"，意思就是行善是最大的乐事。行善既然乐人乐己，大家何乐而不为呢？像蒋畹仙这样一心行

善施济，却不求虚名，才是真正的善者风范。

shàn è dào tóu　zhōng yǒu bào
善恶到头①终有报②，
zhǐ zhēng　lái zǎo yǔ lái chí
只争③来早与来迟。

注释

①**头**：最后。
②**报**：报答或报应。
③**争**：分。

解析

人行善也好，作恶也罢，到最后都会得到相应的结果。好人有好报，恶人必定没有好下场，这是必定的，迟早会发生。

导读故事

沈道虔，南宋吴兴武康（今德清武康）人。他为人善良宽容，从小好读《老子》和《易经》，淡泊名利，家贫而不改节。一生以琴书为乐，钟情山水，晚年虔诚信佛。

平时，有人到他家的菜园去偷菜，沈道虔发现后，总是赶紧躲藏起来，直到偷菜的人走了才出来。他就是怕偷菜人看到自己会羞愧难堪啊！

有一次，有人去偷拔他家屋后的竹笋，沈道虔不让他拔，对他说："我不想让你拔这些竹笋是想让其长成竹林，你若需要，我有比这些更好的送给你。"随即命人去买了更大的竹笋，然后亲自给偷笋人送去。偷笋人很惭愧，不接受，沈道虔于是把竹笋放在其门内就走了。

沈道虔经常靠捡拾谷穗来维持生活，一起捡拾谷穗的人经常为抢谷穗而发生争执。每次看到这种情况，沈道虔都会把自己捡拾的谷穗分给他们，争抢的人都很惭愧。以后一发生争执，大家就会想起沈道虔，渐渐地，为抢谷穗而发生争执的情况就越来越少了。

有一年冬天，沈道虔没有御寒的衣服，但他又不愿接受别人的帮助。一次，有人趁他外出时悄悄为他做了件衣服，连同一万贯钱一起送到他家。沈道虔回家后，把衣服和钱全都转送给了贫困的兄弟和弟子。

乡里的少年都愿意跟着沈道虔学习。县令很欣赏他，经常资助他。沈道虔教出来的弟子后来都很有成就。

qī rén shì huò　　ráo rén shì fú
欺①人是祸②，饶③人是福④；
tiān yǎn zhāo zhāo　　bào yìng shèn sù
天眼昭昭⑤，报应甚⑥速。

注释

①**欺**：欺骗。
②**祸**：灾祸。
③**饶**：饶恕，宽恕。
④**福**：福气。
⑤**昭昭**：明显，显著。
⑥**甚**：很，极。

解析

仗势欺人必定会给自己招来祸患，得饶人处且饶人，其实是在为自己积德积福。老天有双能看透一切的眼睛，谁应得到好报，谁应受到惩罚，都是老天一瞬间就能决定的事。所以，不要认为做任何事都是为别人做的，归根结底都是为自己做的。做坏事，最后品尝苦果的肯定是自己；多行善，最后也肯定是自己尝到甜头。

导读故事

曹州的于令仪，本是乡井市民，为人忠厚，从不冒犯他人，晚年时家境颇为富裕。

一天晚上，有个小偷进入他家行窃，于令仪的儿子们抓住了小偷，原来是邻居的儿子。于令仪对他说："你平时没有做过什么坏事，何苦做小偷呢？"那人回答："是穷困所迫。"于令仪问他需要什么，小偷回答："有一万文钱就足以买食物

及衣服了。"于令仪立马就给了他一万文钱。

小偷刚转过身准备离开，于令仪又叫住了他，小偷很害怕，谁知于令仪却对他说："你家境十分贫穷，现今突然背着一万文钱回去，恐怕巡逻的人会盘问你，还是天亮再走吧。"于是，于令仪将小偷留到天亮才打发他走。

小偷深感羞愧，决心改过，后来终于成为好人。于令仪就是这样一个忠厚善良的人，邻居乡里都称他是善人。

上天厚待好人。后来，于令仪的儿子及侄子陆续考中进士，于家成为曹州南面一带的名门望族。

fù cóngshēng hé qǐ   pín yīn bù suàn lái
富①从升合②起，贫因不算③来。
yóu jiǎn rù shē yì   yóu shē rù jiǎn nán
由俭入④奢易⑤，由奢入俭难。

注释

①**富**：富裕。
②**升合**：均为容量单位，十合为一升。此指很小的数量。
③**算**：精打细算。
④**入**：转到。
⑤**易**：容易。

解析

　　勤俭节约是中华民族的美德，富有的家庭往往是靠勤俭持家而来的，生活陷入贫困境地的家庭，则往往是因为不肯精打细算，才导致了这样的结果。放松对自己的克制，由勤俭节约的生活方式逐渐变得大手大脚，这是很容易的事；而习惯了大手大脚、奢侈的生活后再想去过贫困的日子，则是极其艰难的事。所以，我们应当提倡勤俭节约的生活习惯。

导读故事

　　范仲淹是我国北宋时期著名的军事家、政治家和文学家，虽官居高位，却生活俭朴，颇受人们称赞。

　　有一次，他的儿子范纯仁要办喜事。范纯仁心想："结婚

是人生中的一件大事，自己的父亲又是非常有名的大官，婚礼
一定要办得像个样子。"于是，他列了一份买东西的清单去见
范仲淹。范仲淹看过清单后，十分生气地说："太过分了！一
个婚礼怎么能花这么多钱呢？必须从你要买的东西里减去一半
才行！"

　　儿子听了心里凉了半截，委屈得直掉眼泪，气得转身就
走。范仲淹见状，叫住儿子，拉着他的手，语重心长地说：
"孩子呀！不是我们家买不起这些东西，也不是爹舍不得为你
花钱。我是怕你过惯了荣华富贵的生活，以后一旦变得穷困

起来，就吃不了一点儿苦呀。再说，正因为我做官，我们更应该带头节俭办事才对呀！"

听了父亲的话，范纯仁终于冷静下来，修改了清单，简单地办了婚事。

yī rì wéi shī zhōng shēn wéi fù
一日为①师，终身②为父。

注释

①为：作为，成为。
②终身：一生。

解析

一旦这个人成为自己的老师，我们就应该像敬重父亲一样敬重他一辈子。我们总说老师是我们的再生父母，这并不过分。父母给了我们生命，老师则为我们的生命涂上了色彩。老师对我们的恩情是无以言说的，那就用一生的时间去敬重他、回报他吧！

导读故事

著名数学家华罗庚成名之后不止一次说过："我能取得今天的成就，全靠我的老师的栽培。"1949年，华罗庚从国外回

来，马上赶回故乡江苏金坛县，看望当初发现他的数学才能的第一个"伯乐"——王维克老师。他在金坛县做报告时，特地把王老师请上主席台就座，进会场时让老师走在前面，就座时只肯坐在老师的下首。华罗庚如此尊敬自己的老师的行为，是值得我们学习的。

xiào tì wéi xiān wù bēn lì ér dào shēng
孝悌①为先务②，本③立而道④生。

注释

①**孝悌**：善待父母为孝，善待兄长为悌。
②**先务**：首要的任务。
③**本**：即做人的根本。
④**道**：即做人的道理。

解析

做人要孝敬长辈，敬爱兄长，这是中国传统的孝道文化，是做人的根本，也是明白其他道理的基础。我们所拥有的一切，归根结底都是父母给予的，所以孝顺父母理所应当。如果对父母都不能感恩图报，那这样的人，还指望他对谁能怀有感恩之心呢？如果连孝敬父母这个最基本的道理都不明白，这样的人，又能指望他有多明白事理呢？

导读故事

东汉时，彭城人姜肱和他的弟弟姜仲海、姜季江都以孝敬父母、友爱兄弟而著称。

有一次，姜肱和姜季江去郡府，夜间在路上遇到一群强盗。强盗要杀他们俩，姜肱挺身而出，对强盗说："我弟弟年龄还小，是父母的命根子，你们杀我吧，把我弟弟放了。"

姜季江连忙说："我哥哥品德高尚，是国家的精英，要杀就杀我吧，我愿意代哥哥一死。"强盗见兄弟俩如此友爱，很受感动，只是抢去了姜肱的衣服和财物，放了他们一条生路。兄弟俩来到郡府后，人们见姜肱没有穿衣服，觉得奇怪，问他是什么缘故。姜肱赶紧搪塞，始终没有指控强盗。强盗听说后，十分羞愧，来到姜肱的学舍，向他叩头请罪，奉还了抢走的衣物。姜肱对他们热情款待，酒足饭饱之后才把他们送走。

xiào shùn hái shēng xiào shùn zǐ

孝顺还生孝顺子，

wǔ nì hái shēng wǔ nì ér

忤逆还生忤逆①儿；

bù xìn dàn kàn yán qián shuǐ

不信但看檐前水，

diǎn diǎn dī zài jiù wō chí

点点滴在旧窝池。

注释

①忤逆：不孝顺。

解析

自己孝顺，生出的孩子才会孝顺；自己不孝，生出的孩子也必定不会孝敬自己。不信的话就看屋檐前地上的水，哪一滴不是滴在旧窝池中？父母要给孩子做出孝敬父母的好榜样，潜移默化地影响自己的子女。孩子看在眼里，记在心里，长大后也会加倍敬重老人，这样的家庭才会和睦。相反，父母如果嫌弃甚至虐待老人，孩子也会跟着学，等自己老的那一天，子女会不会孝顺自己呢，这可是一个大大的问号。

导读故事

北魏时，房景伯担任清河郡太守。一天，有个老妇人到官府控告儿子不孝，回家后，房景伯跟母亲崔氏谈起这事，

并说准备将那个不孝子治罪。崔氏是一个知书达理、颇有头脑的人，她得知情况后，说道："普通人家的子弟没有受过教育，不知孝道，不必过分责怪他们。这事就交给我来处理好了。"

第二天，崔氏派人将老妇人和儿子接到家里，崔氏对不孝子一句责备的话也没说，而是每天和老妇人同床睡眠，一同进餐，让不孝子站在堂下，观看房景伯是怎样侍候崔氏和老妇人的。不到 10 天，不孝子便羞愧难当，承认自己错了，请求与母亲一起回家。崔氏私下里对房景伯说："这人虽然表面上感到羞愧，内心并没有真正悔改。姑且再让他住些日子。"又过了二十几天，不孝子被房景伯的孝顺深深打动，真正有了悔改的诚意，不断向崔氏磕头，答应一定痛改前非。老妇人也替儿子说情，这时崔氏才同意他们母子回家。

后来，这个不孝子果然成了乡里远近闻名的孝子。可见，在教育孩子尽孝道时，应该身体力行，做到言传身教。

fán shì zì shì　　　biàn shǎo yī shì

凡是自是①，便少一是②。

yǒu duǎn　　hù duǎn　　gèng tiān yī duǎn

有短③护短，更添一短。

注释

①**自是**：自以为是。
②**是**：优点，长处。
③**短**：缺点，不足。

解析

　　自以为是的人，尽管他是正确的，但至少他内心里少了一份应有的谦虚谨慎。当他犯了错误，还要自我掩饰和庇护，这就等于在原有缺点的基础上又增加了一个缺点。所以用正确的态度对待自己的优缺点，是很重要的。对待优点应谦虚，对待缺点则应坦诚，只有这样，才能不断进步。

导读故事

　　日本有一位高僧，有一天他接见了一位学者。这位学者自以为自己很有才华，所以自视甚高。他喋喋不休，而又咄咄逼人，对着高僧高谈阔论，阐述自己的"高见"。高僧一面耐心地倾听，一面亲自为这位学者斟茶。斟茶时，茶水已经斟满，可高僧还没有停止，结果茶水从杯口溢了出来。

　　学者看到后，立即说："茶水已经漫出来了！"

　　高僧慈祥地笑着，自语道："噢，茶水已经漫出来了，就再也装不进去了。"

　　这位学者很聪慧，他马上领悟到了其中的道理，羞愧不已，立即改正了自己骄傲自满的态度，虚心向高僧求教。高僧见学者知错能改，且十分聪慧，便与他进行了一番深谈，使学者受益匪浅。

　　hé qì zhì xiáng　　guāi qì　 zhì lì
和气致祥①，乖气②致戾③。
　　wán rén　 sàng dé　　wán wù　 sàng zhì
玩人④丧德，玩物⑤丧志。

注释

①致祥：达到吉祥。
②乖气：不和之气。
③戾：不和、不顺、不吉祥。
④玩人：玩弄别人。
⑤玩物：沉迷于所喜爱的事物。

解析

做事心平气和，待人和蔼可亲，就能够吉祥如意；性情乖张，而又意气用事的人，将会给自己带来凶险。将别人玩弄于股掌之间的人，早晚会道德沦丧；而一味沉溺于个人嗜好的人，将会因此而意志消沉，丧失自己的志向和抱负。

导读故事

周武王兴师伐纣，灭掉了处于黑暗统治中的商朝，建立了周朝。周武王常与大臣们总结商朝灭亡的教训，任用大量贤能之人治理国家，使国家很快强大起来。四方各国纷纷前来朝拜，甚至离周朝很远的小国西戎，也派使臣前来朝贺，还不远万里带来了西戎特产的一种大狗献给周武王，周武王见了十分高兴。

这时，周武王身边的太保召公对他说："德行要靠自己慢慢修养而成，圣主千万不可沉浸在声色之中。把人当作玩

物加以戏弄，会使人丧失德行；把稀罕物当作玩物加以赏玩，会使人丧失志气。这就是所谓的'玩人丧德''玩物丧志'。圣主现在最要紧的事就是珍爱贤能之人，这才是国家安稳的根本之计呀！圣主还应该随时积累德行，大德都是从小德积累而来的。积累小德、树立大德就好像堆一座九仞高的山，即便只剩最后一筐土没有加上去，这座山就还是没有堆成。您是一位圣君，如果从这方面加以注意，就可以世世代代稳坐天下了。"

　　周武王听从了召公的劝谏，从此专心治理朝政。

fán　rén　bù　kě　mào xiàng
凡 人 不 可 貌 相①，

hǎi shuǐ bù　kě　dǒu liáng
海 水 不 可 斗 量②。

注释

　　①**貌相**：看相貌，看外表。
　　②**斗量**：用斗量。

解析

　　人，不可以通过外观相貌来衡量，就像海水不可以用斗来丈量一样。所以，我们不能以貌取人，不能因为别人

外貌丑陋或衣着简朴就轻视别人。一个人的外貌并不能说明什么，他的内心如何才是最重要的。而一个人的内心就如大海一样深不可测，想要真正了解，是需要花时间用心去探究的。

导读故事

晏子是春秋后期一位重要的政治家、思想家和外交家，他极有政治远见和外交才能，而且作风朴素，因此闻名于诸侯。

有一次，晏子出使晋国。晋国的大夫叔向见晏子的装束很寒酸，感到颇为不解，便在酒席上委婉地向晏子问道："请问先生，节俭与吝啬有什么区别？"

晏子明白叔向的用意，也不动怒，认真地答道："节俭是君子的品德，吝啬是小人的恶德。正确衡量财物的多寡，有计划地加以使用，富贵时不过分地加以囤积，贫困时不向人借贷，不放纵私欲、不奢侈浪费，对他人慷慨给予，时刻念及百姓的疾苦，这就是节俭。如果一味积财自享而不舍得赈济百姓，即使一掷千金，也是吝啬。"

叔向听了肃然起敬，不敢再以貌取人，轻视晏子了。

zhì shēng shí　shí shēng duàn
智①生识②，识生断③。
dāng duàn bù duàn　fǎn shòu qí luàn
当断不断，反受其乱④。

注释

①**智**：才智。
②**识**：对问题有了清楚的认识。
③**断**：决断。
④**乱**：这里指败坏事情。

解析

一个人有了才智，就能够对问题有清楚的认识，对问题有了清楚的认识，就应该果断地做出决定，如果犹豫不决，患得患失，导致失去了行动的时机，那就等于被自己的才智给害了。

导读故事

北朝时，东魏的丞相高欢想测试一下一群孩子中哪个最聪明，于是给每个孩子发了一把乱麻，要他们设法整理好，谁整理得最快谁就获胜。比赛开始后，别的孩子都把乱麻一根根地抽出来，然后再排列整齐。唯有一个叫高洋的孩子与众不同，他找来一把锋利的刀，几下就把乱麻斩断，不一会儿就把乱麻整理好了。高欢很是惊异，问他："为什么这么做呀？"高洋答道："乱必斩之。"高欢听了，赞赏地点点头。就是这个高洋，后来篡夺了东魏皇帝的皇位，建立了齐国，他就是齐文宣帝。

lù féng xiǎn chù nán huí bì
路逢①险处②难回避③，

shì dào tóu lái bù zì yóu
事到头④来不自由⑤。

注释

①**逢**：遇到。
②**险处**：危险的地方。
③**难回避**：无可回避。
④**事到头**：事情已到了尽头。
⑤**不自由**：无从选择。

解析

　　做任何事都不可能一帆风顺，总会遇到问题，就像旅途中总是不可避免地会遇上一道道险关，如果不谨慎小心就难免失足，甚至掉进深渊。此外还得明白，任何事情都有它的客观规律，这可能让人感到不自由，但如果不遵循，那就无法将事情做好，甚至要吃苦头。所以做任何事情之前，都要有充分的心理准备，要遵循事情本身的发展规律，冷静应对遇到的问题。

导读故事

　　有一个伐木工人，身体非常强壮，而且工作勤勤恳恳，每天工作十几个小时。可是，他发觉自己的伐木数目日渐减少。他开始担心自己哪里出了问题，甚至怀疑自己的工作能力。

一天，他的管工看见他满脸愁容，便关心地问："你为何愁眉苦脸呢？"这个伐木工人回答："我对自己失去信心了，我以前每天可以砍十几棵树，现在每天都在减少，但我真的没有偷懒，而且还增加了工作时间，我真不明白为什么。"

管工看一看他，再看看他手中的斧头，若有所悟地问："你是否每天都用你手中的这把斧头砍树呢？"工人认真地说："当然啦！这是我从开始伐木工作以来，一直不离手的工具呢！"管工接着又问："你是否经常磨这把斧头使它变得更锋利呢？"工人回答："我每天勤奋工作，砍树的时间都不够用，哪有时间去磨这把斧头？"

那个管工向他解释说："你可知道，这就是你伐木数目每天递减的原因。你没有先磨利自己的工具，又如何能提高工作的效率呢？"伐木工人这才明白，他看看手中的斧头，的确需要好好磨一磨了。

所谓"磨刀不误砍柴工"，就是这个道理。

jiā tíng hé mù　　shū shí　　jìn yǒu yú huān
家 庭 和 睦， 疏 食①**尽 有 余 欢**②；

gǔ ròu guāi wéi　　zhēn xiū　　yì jiǎn zhì wèi
骨 肉 乖 违③**， 珍 馐**④**亦 减 至 味**⑤。

注释

①**疏食**：粗粝的饭食。

②**余欢**：欢乐有余。

③**乖违**：违逆不和。

④**珍馐**：山珍海味。

⑤**至味**：最鲜美的滋味。

　　家庭若和睦，哪怕每天只有粗茶淡饭，都能吃得有滋有味，感到欢乐无比；而家庭不和睦，哪怕餐餐都是鲜美的山珍海味，嚼在嘴里也会觉得索然无味。所以说，家和万事兴，一家人和和美美，比什么都好；财富可以一家人一起囤积，家庭和睦却是多少荣华富贵都换不来的。

导读故事

　　从前，匈奴王的儿子们闹分裂，匈奴王就把他们召集起来，给他们每个人一支箭，让他们从中折断。每个王子都很轻易地做到了。匈奴王又给每个儿子一束箭，让他们折断，结果谁都做不到。

　　匈奴王这才语重心长地说："现在你们兄弟不和，每个人就像一支箭，很容易被敌人

各个击破；如果你们兄弟团结，就像一束箭，没有人能够战胜你们，这就是'和'的力量。"儿子们听了，羞愧难当，从此和和气气，再也不闹分裂了。

chuán jiā   èr zì gēng yǔ dú
传家①**二字耕与读**②，

fáng jiā   èr zì dào yǔ jiān
防家③**二字盗与奸**，

qīng jiā èr zì yín yǔ dǔ
倾家二字淫与赌，

shǒu jiā èr zì qín yǔ jiǎn
守家二字勤与俭。

注释

①**传家**：将家业传给子孙后代。
②**耕与读**：耕作和读书。
③**防家**：防止家庭发生变故。

解析

真正能够传给子孙后代的家业并不是财产，而是努力耕作和认真读书的传统；使家庭遭受变故的往往是家庭内部的盗贼和小人，所以必须提防；多少倾家荡产的家庭都是由淫荡和赌博造成的；要守住家业，就要谨记勤、俭二字。这句贤语说的是古人的持家之道，放到现在，依然适用。无论是

小家还是大家，都应谨记这四条持家之道，才能稳稳立足于社会，也才能使家人生活平安、幸福。

从前，在中原的伏牛山下，住着一个叫吴成的农民，他一生勤俭持家，日子过得无忧无虑，十分美满。相传他临终前，曾把一块写有"勤俭"二字的横匾交给两个儿子，告诫他们说："你们要想一辈子不忍饥挨饿，就一定要照这两个字去做。"后来，兄弟俩闹分家，将匾一分为二，老大分得一个"勤"字，老二分得一个"俭"字。

老大把"勤"字恭恭敬敬地高悬家中，每天日出而作，日落而息，年年五谷丰登。然而他的妻子过日子却大手大脚，白白的馍常常才吃了两口就扔掉，久而久之，家里虽然年年大丰收，却总是没有一点余粮。

再说老二，老二自从分得半块匾后，把"俭"字当作"神谕"供放中堂，却把"勤"字忘到九霄云外。他疏于农事，又不肯精耕细作，每年所收获的粮食都不多。尽管一家几口节衣缩食、省吃俭用，粮食有时还是不够吃。

这一年遇上大旱，老大、老二家中都早已是空空如也。他俩一时气愤，扯下字匾，就将"勤""俭"二字踩碎在地。这时候，突然有张纸条从窗外飞进屋内，兄弟俩连忙拾起一看，上面写道："只勤不俭，好比端个没底的碗，总也盛不

满！只俭不勤，坐吃山空，一定要受穷挨饿！"兄弟俩恍然大悟，"勤""俭"二字原来是不能分家的，它们俩相辅相成，缺一不可。吸取教训以后，他俩又搬到一起，将"勤俭持家"四个字贴在自家门上，时刻提醒自己，告诫妻室儿女，身体力行，此后，日子过得一天比一天好。

兄弟相害①，不如友生。
外御其侮②，莫如③弟兄。

注释

①相害：互相侵害。
②外御其侮：抵御外来的侵犯。侮，欺侮。
③莫如：莫过于。

解析

兄弟之间不能相亲相爱，反而相互残害，你会认为他们连自己的朋友都不如。可是，如果连毫无血缘关系的人之间都能和睦相处、相互信任，为什么身为骨肉至亲的兄弟之间就不能呢？要知道，能共同抵抗外来侵害的，莫不是相亲相爱的兄弟呀。这是奉劝人们要善待兄弟情谊。血浓于水的亲情比什么都珍贵，所以我们一定要善待手足弟

兄，切不可为了一点小事就反目为仇，一旦失去手足之情，将后悔莫及。

导读故事

晋朝时，有一对同父异母的兄弟，弟弟叫王览，哥哥叫王祥。王览的母亲是王祥的后母，对王祥很不好，经常打他。每次后母打王祥，王览都会抱着哥哥哭。后母若刁难王祥，王览就与王祥一起去承受。

即使后来王祥成年娶了妻子，后母对他依然很不好，甚至连同他的妻子一起刁难。每一次母亲惩罚王祥，王览都带着妻子过来帮忙，尽心调和他们之间的关系。

王祥的道德学问日益提升，后母起了个坏念头，因为王祥的名声越好，往后她的恶名就越昭彰了。于是有一天，她把下了毒的酒拿给王祥喝，被王览发现了，情急之下把毒酒夺过来要当场喝下去，替哥哥去死。后母立刻把酒打翻在地，羞愧难当。她心想："我时时想置王祥于死地，而我的

儿子却用生命来保护他！"兄弟之情终于感化了后母，她当场和两个兄弟抱在一起痛哭流涕。可见，唯有德行、真诚才能化解人生的灾难。

yǒu tián bù gēng cāng lǐn xū
有田不耕仓廪①虚②，

yǒu shū bù dú zǐ sūn yú
有书不读子孙愚③。

cāng lǐn xū xī suì yuè fá
仓廪虚兮④岁月乏⑤，

zǐ sūn yú xī lǐ yì shū
子孙愚兮礼义疏。

注释

①**仓廪**：贮藏粮食的仓库。
②**虚**：空。
③**愚**：愚蠢。
④**兮**：语气助词"啊"。
⑤**乏**：这里指没有保障。

解析

家有田地而不去播种耕耘，那么你贮藏粮食的仓库就会空空如也。不督促子孙接受教育，他们就会变得愚笨。仓库空虚，日子会过得很艰难；而子孙们愚笨，就会成为没有家

教、不懂礼仪的人。对于一个家庭来说，教育孩子就跟囤积粮食一样重要。仓库空虚，身体很难过；而不懂礼仪，会招人耻笑，精神上很难过。所以，要时刻谨记家教的重要性。

导读故事

梁元帝时有一个士人，从小聪明有才能，父亲对他十分溺爱，对他的教育方法很不恰当。他只要有一句话说得有点理，他父亲就不断地夸奖他，到处与人谈论；一旦他做错了什么事，他父亲就百般为他掩饰，替他找各种借口，希望他自己慢慢能改正。后来这个人长大成人之后，不好的品质越发展越严重，待人粗暴傲慢，最后终于因为口不择言，遭人杀害而死。由这个故事可见家教的重要性，家长对子女如果一味溺爱而不懂得去教诲，恰恰是害了孩子。

shéi rén bù ài zǐ sūn xián
谁人不爱子孙贤①?

shéi rén bù ài qiān zhōng sù
谁人不爱千钟②粟?

nài wǔ xíng bù shì zhè bān tí mù
奈五行③不是这般题目。

注释

①贤：贤明。

②**钟**：古代容量单位。

③**五行**：指金、木、水、火、土这五种物质。此处是一种迷信说法，指人的命运。

解析

谁不希望自己的儿孙个个有出息？谁不希望生活富足，衣食无忧？无奈五行八字中没有这样的运气。这句贤语的意思是："子孙贤""千钟粟"虽是人人都希望的，但却不是人人都能得到的，只有用心付出，才有可能得到。想要"子孙贤"，若不花心思对子女进行培养教育，是不可能的；想要"千钟粟"，若不勤奋努力，也是不可能的。

导读故事

陶行知是我国伟大的人民教育家，他教育学生很有方法。他独特的教育方法，从下面这件流传甚广的小事中即可看出。

陶行知曾担任过一个学校的校长。有一天，他看到学生王友用泥块砸自己的同学，当即制止了王友，并让他放学后到校长办公室。

放学后，陶行知来到校长室，王友已经等在门口准备挨批评了。陶行知立即掏出一块糖果送给他："这是奖给你的，因为你很听话，能按时来到这里，我却迟到了。"

当王友惊疑地接过糖果后，陶行知又掏出一块糖果放到他手里："这也是奖给你的，因为当我制止你时，你立即停止了，这说明你很尊重我。"

王友迷惑不解，陶行知又掏出第三块糖果，说："我调查过了，你用泥块砸那些男生，是因为他们不遵守游戏规则，欺负女同学。你砸他们，说明你很正直善良，有跟坏人作斗争的勇气！"

王友感动地哭了，他后悔地说："陶校长，你打我两下吧，我错了，我砸的不是坏人，是我的同学呀！"

陶行知满意地笑了，他随即掏出第四块糖果递过去说："为你正确地认识了错误，我再奖给你一块糖果……我的糖发完了，我看我们的谈话也该结束了吧！"

陶行知教育学生，能充分顾及学生的感受，这一点是非常难能可贵的。

美不美，乡①中水；
亲不亲，故乡人。

割_{gē}不_{bù}断_{duàn}的_{de}亲_{qīn}^②，离_{lí}不_{bù}开_{kāi}的_{de}邻_{lín}^③。

注释

①乡：家乡。
②亲：亲情。
③邻：邻居。

解析

　　家乡是我们出生成长的地方，即使身在隔着千山万水的他乡，也会对它魂牵梦绕，在自己的心目中家乡的山山水水总是天下最美丽的；只要是家乡人，总是最亲切的，这样的亲缘关系是割不断的，这样的邻里关系是离不开的。一方水土养育一方人，无论身在何方，人们对故乡总是有一种难以言表的眷恋之情。因为故乡养育了我们，留给我们最美好的记忆。

导读故事

　　天宝三年（744 年），唐代诗人贺知章辞去朝廷官职，告老返回故乡越州永兴（今浙江萧山），时已 86 岁，这时，距他中年离乡已有 50 多个年头了。贺知章感慨人生易老，世事沧桑，加之对故乡的情意油然而生，于是写了著名的《回乡偶书》两首，第一首为"少小离家老大回，乡音无改鬓毛衰。儿童相见不相识，笑问客从何处来"。第二首为"离别家乡岁月多，近来人事半消磨。惟有门前镜湖水，春风不改旧时波"。

这两首诗都表达了作者回到故乡时的复杂心情，其中蕴涵了对故乡的无限深情。

kè lái zhǔ bù gù　　zì shì wú liáng bīn
客来主不顾①，自是②无良宾③。
liáng bīn zhǔ bù gù　　yīng kǒng shì chī rén
良宾主不顾，应恐④是痴人⑤。
zài jiā bù huì yíng bīn kè
在家不会迎宾客，
chū wài fāng zhī shǎo zhǔ rén
出外方⑥知少主人。

注释

①**顾**：接待。
②**自是**：肯定是。
③**良宾**：令人尊敬的客人。
④**应恐**：只怕。
⑤**痴人**：愚蠢的人。
⑥**方**：才。

解析

有客人来访，做主人的如果不热情接待，久而久之，自然就不会再有令人尊敬的客人光顾了；如果那些能够成为良师益友的人不愿光顾你家，想必你定是愚蠢之人。在家时若不懂得以礼待客，等你出门到了别人家，自然也不会受到热

情接待。

导读故事

　　古时候有个读书人，家境贫寒，又爱面子，好在娶了一个聪明贤惠的妻子。一天，家中突然来了一个不速之客，书生要面子，硬要留人家吃饭。妻子见家中只有几只鸭蛋、一把韭菜，急中生智，决定"炒诗待客"。不一会儿，妻子开始上菜了。第一道菜："两个黄鹂鸣翠柳"，只见盘子里是一缕韭菜，韭菜上面卧着两只蛋黄；第二道菜："一行白鹭上青天"，依然是韭菜垫底，上面洒了一缕蛋白丝；第三道菜："窗含西岭千秋雪"，盘子里依然以韭菜为主，不过堆成了几堆，上面洒了些蛋白碎末；第四道菜："门泊东吴万里船"，一碗清汤，上面漂着两只蛋壳。客人见此，深谙其意，幽默地说："嫂夫人如此精心待客，胜过那满汉全席！"

míng gāo　dù qǐ　　chǒng jí　bàngshēng
名高①妒起②，宠极③谤生④。
wù jí　bì fǎn　　qì　mǎn zé qīng
物极⑤必反，器⑥满则倾⑦。

注释

　　①**名高**：名声大。

②**妒起**：引起嫉妒。

③**宠极**：荣宠到了极点。

④**谤生**：遭人毁谤。

⑤**物极**：事物发展到了极点。

⑥**器**：容器。

⑦**倾**：溢出来。

解析

在社会上，名声大了就会引起别人的嫉妒，受宠太多也会遭到一些人的毁谤。所以，我们应该懂得谦逊礼让，切记不要贪名好利而没有止境。事物总是在发展变化的，如果事物发展到了极点，就必将走向反面，正如器皿里面盛的东西太满，就会倾溢出来一样。所以，做事要遵循客观规律，要了解事物发展变化的方向和趋势，这样才能够因势利导，取得成功。

导读故事

法国军队从莫斯科撤走后，一位农夫和一位商人在街上寻找法国军队遗留下来的财物。他们发现了一大堆未被烧焦的羊毛，两个人就各分了一半捆在自己的背上。

归途中，他们又发现了一些布匹，农夫将身上沉重的羊毛扔掉，挑选了一些自己扛得动的较好的布匹；贪婪的商人却将农夫丢下的羊毛和挑剩下的布匹统统捡起来，跟自己的那一半羊毛一起扛在背上。重负让他气喘吁吁、行动缓慢。

走了不远，他们又发现了一些银质的餐具，农夫又将布匹扔掉，捡了些较好的银餐具背上；商人却因被沉重的羊毛和布匹压得无法弯腰，只好作罢。

过了一会儿，突降大雨，饥寒交迫的商人身上的羊毛和布匹被雨水淋湿了，他踉跄着摔倒在泥泞当中；而农夫却一身轻松地回家了。农夫变卖了银餐具，生活富足起来。

故事中的商人，正是被自己的贪婪所害，而农夫则懂得什么时候该放手，什么时候该争取。可见，取舍得当才是智人所为。

mù shòu shéng zé zhí
木 受 绳 则 直①，

rén shòu jiàn zé shèng
人 受 谏②**则 圣**③。

liáng yào kǔ kǒu lì yú bìng
良 药 苦 口 利 于 病 ，

zhōng yán nì ěr lì yú xíng
忠 言 逆 耳 利 于 行 。

注释

①**木受绳则直**：树木经匠人的墨线量度就能取直。绳，匠人用来取直的墨线。

②**受谏**：接受规劝。

解析

　　木匠利用绳墨，就能将弯曲的木材砍削正直，同样的道理，人如果能接受别人的规劝，就能成为一个贤明的人。药喝到嘴里虽然苦涩难咽，但却可以治好疾病，这就好比真心诚意的劝诫或批评，虽然听起来也常常让人很不舒服，却有利于改正错误的行为。做人一定要听得进别人的劝告或批评，这样才能端正自己的言行，使自己不断进步和完善。

导读故事

　　魏徵是唐代著名的谏诤之臣。

　　一次，唐太宗怒气冲冲地回到后宫对皇后长孙氏说，总

有一天，他要杀掉这个"乡巴佬"。长孙皇后忙问杀谁。唐太宗说，魏徵常常在朝堂上当众刁难他，使他下不了台。长孙皇后听了，连忙向唐太宗道喜说："魏徵之所以敢当面直言，是因为陛下乃贤明之君啊！明君有贤臣，欢喜还来不及，怎能妄开杀戒呢？"

唐太宗恍然大悟，此后更是"励精政道"，虚心纳谏，对魏徵倍加敬重。魏徵也直谏如故，"思竭其用、知无不言"，从不畏龙颜之怒。

于是，君臣合璧，相得益彰，终于开创了大唐"贞观之治"的辉煌盛世。

魏徵死后，唐太宗恸哭长叹，说出了那句千古名言："以铜为镜，可以正衣冠；以古为镜，可以知兴替；以人为镜，可以明得失……魏徵殂逝，遂亡一镜矣！"他还令公卿大臣们把魏徵遗表中的一段话写在朝笏上，作为座右铭，以魏徵为榜样，做到"知而即谏"。

君临天下的皇帝，对一个老臣竟如此倚重，这在历史上的确并不多见。

rén jiān sī yǔ　　　tiān wén rú léi
人间私语①，**天闻**②**如雷**。
àn shì kuī xīn　　　shén mù rú diàn
暗室亏心③，**神目如电**。

注释

①**私语**：悄悄话。
②**闻**：听到。
③**亏心**：做亏心事。

解析

　　人间的悄悄话，在上天听来就如同惊雷，字字清楚；暗地里做的亏心事，上天也自有如电的神目，可以看得一清二楚。所以，无论做什么事，都不要以为没人知道，至少自己知道，上天知道。若做了坏事，早晚会遭报应；若一生行善，则一定平安幸福。

导读故事

　　宋代的光孝安禅师在入定时，看见了两位僧人在讲话。最初，有天神簇拥一旁，并且还倾听他们的谈话。后来，天神就散去了。过了没多久，就有恶鬼在旁边吐口水骂他们，而且还用扫帚去扫他们两人走过的足迹。

　　原来，这是因为两位僧人开始的时候，在谈论佛法，天神自然欢喜；接着二人就闲话家常，天神不屑于听，就离开了；最后二人则是谈论功名利禄，出家人谈论世间的事情，是被鬼神讨厌、责怪的，所以恶鬼就出现了。所以有人说："人间的窃窃私语，在天界听起来，就跟打雷一样啊！"

liàng rù　wéi chū　　còu shǎochéng duō
量入^①为出^②，凑^③少成多。

xī hè　yì tián　　rén xīn nán mǎn
谿壑^④易填，人心难满。

注释

①**量入**：估量收入的状况。
②**为出**：决定支出的限度。
③**凑**：聚集。
④**谿壑**：两山之间的大沟；山谷（多用于比喻）。

解析

科学的理财方法，就是估量收入的状况来决定支出的限度，以免出现入不敷出的状况；节俭要从一分一毫的钱物开始，聚少才能成多。但要知道，山沟和峡谷都容易被填满，而人们对物质的欲望却永远难以满足。所以还要学会克制自己对财富的欲望，不要做金钱的奴隶，不要放纵自己，挥霍浪费，因为一旦放纵，就将没有止境，早晚会穷途末路；只有适可而止、量入为出才会过得从容富足。

导读故事

2007年12月17日"BBC中国网"有这样一则新闻：20世纪80年代英国著名的电视新闻记者、主播艾德·米切尔由于负债累累，沦为无家可归的流浪汉。

艾德·米切尔走红的时候，主持过独立电视公司 ITN 晚上 10 点的新闻联播，还曾采访过世界级别的政界要人，其中包括英国前首相撒切尔夫人和梅杰。

他拥有让人眼红的 10 万英镑的年薪、价值 50 万英镑的房子、每年两次的海外度假、美满幸福的家庭……现代生活的享受应有尽有。

但是，2001 年艾德·米切尔被迫"下岗"。遭解雇后，噩梦开始了。失业前累积的几万英镑的信用债务像滚雪球般越来越大，他为了还清旧债不得不申请新的信用卡，几年内，欠下了 25 张信用卡的将近 25 万英镑的债务。妻子这时也离开了他。

艾德·米切尔不得不变卖了房子还债。最终，沦落到在海滨城市布莱顿街头露宿。

艾德·米切尔的故事曝光后，引起一场"小地震"。他先后接受了许多大报、新闻节目的采访，希望以自己的经历给人一个警告：不要轻易借钱消费，要量入为出地消费，不然同样的遭遇可能发生在任何人的身上。

liáng tián wàn qǐng　　　rì shí yī shēng
良田万顷①，日食一升②；
dà shà qiān jiān　　yè mián bā chǐ
大厦千间，夜眠八尺。

注释

①顷：土地面积单位。

②升：容量单位。

解析

即便家有万顷良田，但每日三餐需要的也就一升而已；即便有大厦千间，晚上睡觉需要的也不过八尺的空间。拥有的再多，但其实真正需要的很少。所以人要懂得不在乎拥有多少，只要吃饱穿暖，够用就好。与其拥有那么多发挥不了用处的财富，还不如少拥有一些，让更多的人可以吃饱穿暖，生活无忧。

导读故事

西汉时有一个人叫严遵，字君平。他一生淡泊名利，不近仕途，常在成都市中替人卜卦算命，并借此教授人们要依据忠孝信义来处世为人，他每天赚够百钱，足以维持生活后，便闭门谢客，以在家著书和教授《道德经》为乐。

因为严君平节操清奇，很受人敬重，声望也越来越大。当时，益州牧李强、大将军王凤等，都听说了严君平的贤德贤能，所以都想结交他，甚至想请他出来做官，但严君平都一一拒绝了。

同乡有个富人叫罗冲，他问严君平："你为什么不去做官呢？"

严君平说："我没有能力。"

罗冲以为他是没有钱财，便准备好了车马衣粮，想资助他去做官，严君平却说："我视做官为累赘，并不是因为没有钱财。况且我是有余而你是不足，怎么能让不足的人来帮助有余的人呢？"

罗冲说："我有万金，你连一石谷物都没有，怎么还说自己有余呢？这不是很荒谬吗？"

严君平说："不是这样。我先前住在你家，别人都要休息了，可你还有很多事要做，每天日夜忙碌，焦躁不安，从

来没有满足的时候。现如今，我以占卜为业，每天还能剩余百钱，剩的钱上面都已经积了厚厚的灰尘了，我都不知道要用在什么地方。这难道不是我有余而你不足吗？"

罗冲听了非常惭愧。

zhī　zú　cháng zú　　　zhōng shēn　bù　rǔ
知足①常足②，终身③不辱，
zhī　zhǐ cháng zhǐ　　　zhōng shēn bù　chǐ
知止常止，终身不耻④。

注释

①**知足**：知道满足。
②**常足**：常常感到满足。
③**终身**：一生。
④**耻**：遭受耻辱。

解析

那些懂得知足的人，常常为一些小小的收获感到满足，所以，他们不去贪图过多的东西，一生中都不会受到羞辱；而那些做起事来总能够把握好分寸的人，总是在该停止的时候就停止，该收手的时候就收手，所以他的一生也不至于招惹来羞耻。所谓知足常乐，就是这个道理。人容易知足，不奢求过多，也就不需要过多的奔波劳累，自然轻闲快乐。

导读故事

明朝有一个人，名叫胡九韶，他的家境很贫穷。他一面教书，一面努力耕作，仅仅可以解决衣食温饱问题。每天黄昏时，胡九韶都要到门口焚香，向天拜九拜，感谢上天赐给他一天的清福。妻子笑他说："我们一日三餐都吃菜粥，怎么算得上是清福呢？"胡九韶说："首先，我很庆幸生在太平盛世，没有战争兵祸。第二，我庆幸全家人都能有饭吃，有衣穿，不至于挨饿受冻。第三，我庆幸家里没有躺在床上的病人，也没有关在监狱的囚犯。这不是清福是什么？"

pín hán xiū yào yuàn　　fù guì bù xū jiāo
贫寒^①休要怨，富贵不需骄，
shàn è suí rén zuò　　huò fú zì jǐ zhāo
善恶随人作，祸福自己招^②。

注释

①贫寒：清贫寒苦。
②招：招惹。

解析

生活清贫寒苦时不要抱怨，生活富足时也不要骄傲；善

事恶事自有人做，是福是祸都是自己招惹的。做人若能达到清静无为、淡泊宁静的境界，也就不会受到外界环境的影响。清贫也好，富足也罢，都能自得其乐；灾祸来临时不惊慌，幸福降临时也能安然处之，这样的人一生都将生活在快乐中。

导读故事

从前，有一个农民整天在田间劳作，觉得日子过得很辛苦。田地附近的庙里有个和尚，经常手摇芭蕉扇，悠闲地坐在庙门前的一株大树下乘凉。他很羡慕和尚的舒适生活。

一天他告诉妻子，他想到庙里做和尚。他妻子也没有反对，只是说："你可以出家做和尚，但在这之前，让我跟你一起下地干活，好让你早些去庙里修行。"

从此，夫妻两人一同早出晚归。中午时分，妻子就提早回家做好饭菜送到田头，等忙完了，两人就在庙前的树下一同吃。地里的农活很快就做完了。

这时，妻子兑现了她的诺言，收拾好行李，亲自送丈夫到庙里，并向庙里的和尚说明了来意。

和尚听了非常诧异，说："你俩早同出，晚同归，中午一同吃饭，说话、做事都很和气，应该很恩爱呀！我看到你们生活这么幸福，很是羡慕，已经下定决心还俗了，你怎么反而要来做和尚呢？"

博^①学而笃志^②，切问^③而近思^④。

bó xué ér dǔ zhì　　qiè wèn ér jìn sī

注释

①**博**：广泛。

②**笃志**：志向专一不变。笃，专一。

③**切问**：恳切地请教。切，脚踏实地。

④**近思**：时时多作思考。

译文

年轻人应该广泛地学习，博览群书，但志向要专一。要恳切地向别人请教，多进行思考。

导读故事

卫国大夫孔圉聪明好学，更难得的是他是个善于思考、喜欢发问的人，而且他还非常谦虚。在孔圉死后，卫国国君为了让后代的人都能学习和发扬他好学的精神，特别赐给他一个"文公"的谥号。后来人们便尊称他为"孔文子"。孔子的学生子贡也是卫国人，但是他却不认为孔圉配得上那样高的评价。有一次，他问孔子说："孔圉的学问及才华虽然很高，但是比他更杰出的人还很多，凭什么赐给孔圉'文公'的谥号？"

孔子听了，微笑着说："孔圉非常勤奋好学，脑筋聪明又灵活，而且如果有任何不懂的事情，就算对方地位或学问不

如他，他都会大方而谦虚的请教，一点都不因此感到羞耻，这就是他难得的地方，因此赐给他'文公'的谥号是恰当的。"

经过孔子这样的解释，子贡终于服气了。

yǐ jī huò cái zhī xīn jī xué wen
以积货财①之心积学问，
zé shèng dé rì xīn
则盛德②日新③；
yǐ ài qī zǐ zhī xīn ài fù mǔ
以爱妻子④之心爱父母，
zé xiào xíng zì dǔ
则孝行自笃⑤。

注释

①积货财：积累钱财。
②盛德：美好的品德。
③日新：日日更新。
④妻子：妻子和儿女。
⑤笃：忠实。

译文

用积聚钱财的心态去积累知识，增进自己的修养，那么你的品德就会越来越完美；如果用爱妻子和儿女的心情去爱父母，那么孝敬父母的行为就会发自内心。

导读故事

相传，舜的父亲瞽叟及继母、异母弟象，多次想害死他。有一次，他们让舜去修补谷仓仓顶，等舜爬上仓顶后，他们便在谷仓下纵火，舜手持两个斗笠跳下来，才没被烧死。

后来，他们又让舜去掘井，瞽叟与象等舜下到井底，便下土填井，舜挖掘地道才得以逃脱。事后，舜毫不记恨，仍对父亲恭顺，对弟弟慈爱。他的孝行感动了天帝。舜在历山

耕种，大象替他耕地，鸟代他锄草。帝尧听说舜非常孝顺，有处理政事的才干，把两个女儿娥皇和女英嫁给了他。经过多年的观察和考验，尧最终选定舜做他的继承人。舜登上天子之位后，去看望父亲，仍然恭恭敬敬，并封象为诸侯。

救既败①之事，
如驭临岩之马②，休轻加一鞭；
图垂成之功③，
如挽上滩之舟，莫稍停一棹。

注释

①既败：即将失败的事情。
②如驭临岩之马：如驾驭悬崖边上的马。
③图垂成之功：谋求即将成功的事情。

译文

挽救快要失败的事情，要特别谨慎，不可轻举妄动，就像驾驭悬崖边上的马，如果稍不留神，就会造成不可挽回的结果。而面对即将取得的成功，更不能有半点松懈，要像在湍急的河流中逆水行船，在靠岸之前应更加努力，若稍一放

松，就可能功败垂成。

导读故事

20 世纪 50 年代，有一位女游泳选手，她立志要成为世界上第一位横渡英吉利海峡的人。为了达成这个目标，她不断地练习游泳，不断地为这历史性的一刻做准备。这一天终于来临了。女选手充满自信，昂首阔步，然后在众多媒体记者的注视下，纵身跃入大海中，朝对岸英国的方向迈进。

旅程刚开始时，天气非常好，女选手心情很愉快，轻松地向目标挺进。但是随着女选手越来越接近英国对岸，海上开始升起浓雾，而且越来越浓，最后几乎已到了伸手不见五指的程度。女选手处在茫茫大海中，完全失去了方向感，她不知道到底还要多远才能上岸。

她越游越没有信心，越来越筋疲力尽。最后她终于宣布放弃了。当救生艇将她救起时，她才发现只要再游一百多公尺就到对岸了。众人都为她惋惜，距离成功那么近了，却没能在最后时刻挺过去。

shì lù　yóu tā xiǎn　　jū xīn　rèn　wǒ píng
世路①由他险②，居心③任④我平。

注释

①**世路**：人生的道路。

②**由他险**：任凭它多么艰险。

③**居心**：存心。

④**任**：任由，任凭。

人生道路是难以预知的，很难预料今后的路是化险为夷还是坎坷崎岖，但无论如何，只要端正自己的心态，就能够从容面对，一帆风顺。

导读故事

在法国一个偏僻的小镇，据传有一个特别灵验的泉，常会出现奇迹，可以医治各种疾病。

有一天，一个拄着拐杖、少了一条腿的退伍军人，一跛一跛地走过镇上的马路，来到泉前，默默祈祷。旁边的一个镇民看见了，带着同情的口吻对身边的人说："可怜的家伙，难道他要向上帝祈求再有一条腿吗？"这句话被退伍的军人听到了，他转过身说道："我不是要向上帝祈求有一条新的腿，而是要祈求他帮助我，让我在没有一条腿后，也能够坚强勇敢地过日子。"